KB088779

어머님,
의대생은
초등 6년을
이렇게
보냅니다

전교 1등 의대생이 알려 주는
최고의 공부법과 최상의 자기관리법

어머님, 의대생은 초등 6년을 이렇게 보냅니다

임민찬 지음

카시오페아
Cassiopeia

"실제 의대생의 초등 생활, 남김 없이 보여 드립니다"

최근 몇 년간, 의대 열풍이 뜨겁습니다. 의대 입시 경쟁률은 점점 더 치열해지고, 일부 지역에선 '초등 의대 준비반'이 등장했다고 합니다. 초등 시기부터 의대 입시와 공부에 대한 학부모님들의 관심도 높아지고 있습니다.

저는 의대생입니다. 의대에 다니며 중고등학생들을 대상으로 학습 관련 일대일 상담을 진행하고 강연을 하기도 했습니다. 잘할 수 있는 일로 직접적인 도움을 줄 수 있는 분야가 중고등 학습 분야라고 생각했기에 보람을 느끼며 할 수 있었습니다.

그러다 얼마 전에는 초등 교육 전문 유튜브 채널로 유명한 〈슬기로운 초등 생활〉, 〈교집합 스튜디오〉, 〈혼공 TV〉, 〈입시 읽어 주는 엄마〉 등에 출연하게 되었고, 이를 계기로 초등생 부모님들이 교육에 얼마나 관심이 높은지 몸소 느꼈습니다. 이와 함께 최근 '초등 의대 준비반' 이슈나 일부 교육 전문가들의 이야기에 갸우뚱하기도 했습니다. 제가 생각하는 교육의 방향과는 거리가 멀었기 때문입니다. 초등 시기에 공부만을 강조하는 일부 전문가들의 이야기를 들으며, 이를 바로잡고 싶다는 생각마저 들었습니다.

시중에 나와 있는 초등 교육에 관한 여러 콘텐츠를 보면서 제가 가장 인상 깊게 접한 말은 '필수'라는 단어였습니다. "초등학생 때 ○○는 꼭 해야 한다.", "○○ 안 해 두면 후회한다." 등 자극적인 단어가 들어간 내용이 많았습니다. 하지만 저는 '공부'에 있어서 초등 시기에 '필수'는 없다고 생각합니다. 이는 확실히 말씀드릴 수 있습니다. 수학 선행 공부를 안 한다고 해서 중학교 때 큰일 나지 않습니다. 영어 문법 공부를 덜 했다고 해서 중학교에 적응하지 못하는 일은 없습니다.

초등 시기에 가장 중요한 건 아이가 중학교에 진학해서 좀 더 나은 학교생활을 할 수 있도록 공부에 대한 기본기를 쌓고, 특히 공부에 대한 흥미를 놓치지 않게 하는 일입니다. 공부보다 중요한 것들도 많습니다. 진짜 공부에 열중해야 할 중고등 6년간 큰 힘이 되어 줄 취미 생활을 만들고, 부모님, 친구와 좋은 관계를 쌓으며, 사회 구성원으로서 성장하는 일입니다. 이 책을 통해 저는 "초등 공부에 '필수'는 없다"라는 이야기를 부모님들께 전해드리고 싶습니다.

시중에는 자녀 교육서와 초등 공부법을 다룬 책이 정말 많이 있습니다. 그중에서 이 책은 다음과 같은 면에서 특별합니다.

첫 번째로, '현재 재학 중인 의대생'이 초등생 학부모들을 위해 쓴 자녀 교육서입니다. 저는 교육 전문가는 아닙니다. 하지만 가장 치열하다는 의대 입시를 몸소 겪으며 최근의 입시 트렌드를 가장 가까이서 경험했고, 학생들의 실질적인 고민과 현실을 잘 알고 있습니다. 의대생이 중고등 공부법에 관해 쓴 책은 있어도 초등 공부법과 초등 생활에 관해 쓴 책은 없습니다. 의대생이 초등학생들의 학습과 생활에 대해 조언하는 최초의 책이라 할 수 있습니다.

두 번째로, 이 책은 평범한 의대생이 쓴 책은 아닙니다. 저는 중앙대학교 의과대학에 다니며 수십 명의 중고등학생에게 영어 과외를 하고, 〈의대생의 공부 생각〉이라는 인스타그램 채널을 통해 학생들에게 공부 정보를 나누기도 했습니다. 네이버 엑스퍼트라는 플랫폼을 통해서는 400여 명의 학생들과 학부모들을 대상으로 일대일 상담을 진행했습니다.

2022년에는 고등학생들을 대상으로 한 책 《의대 합격 고득점의 비밀》을 내기도 했습니다. 이렇게 4년 동안 꾸준히 공부와 입시에 관해 쌓아 온 경력을 바탕으로, 이번에는 초등생 학부모님에게 좀 더 실질적이고 현실적으로 도움이 될 정보를 드리고자 합니다.

세 번째로, 이 책 한 권에는 초등 생활에 필요한 모든 것이 담겨 있습니다. 초등 시기 공부에 흥미를 갖게 만드는 노하우, 공부 습관의 토대가 되는 생활 습관을 기를 수 있는 다양한 팁, 기본기를 잡아주는 과목별 공부법, 나아가 본격적으로 공부에 집중해야 할 중고등 시기에 활용할 수 있는 나만의 공부 원칙까지, 초등 시기에 필요한 거의 모든 것을 담았습니다. 초등생 부모님들을 위한 올인원 지침서라 할 수 있습니다.

네 번째로, 이 책의 가장 큰 특징은 의대생의 실제 초등 생활을 엿볼 수 있다는 점입니다. 저는 전남 목포에서 태어나 초중고 12년을 목포에서 자랐습니다. 의대생 중에는 초등학생 때부터 서울 학군지의 전형적인 교육을 받아 온 학생들도 있습니다만 저는 소위 '지방'에서 의대 합격을 이뤄 낸 경우입니다. 그렇기에 강남 학군지나 특목고만이 아니라 어느 지역에 살든, 어느 학교에 다니든, 누구에게나 적용할 수 있는 조언을 들으실 수 있습니다.

반드시 의대 진학이 목표가 아니어도, 아이가 중고등 6년을 시행착오 없이 잘 준비하기 위해 초등 시기를 알차게 보내길 원하는 부모님이라면 누구든지 참고하실 수 있습니다.

마지막으로, 이 책에는 제 이야기만 실린 것이 아닙니다. 제 어머니를 비롯하여 여러 선배 어머니들의 경험담과 현재 의대 재학 중인 대학생 15명의 인터뷰 내용이 반영되었습니다. 중고등학생들을 상담하며 만난 어머니들, 특히 자녀가 좋은 성과를 거둔 어머니들의 이야기를 충분히 담고자 했으며, 저만의 생각이 아닌 다른 학부모님의 목소리를 담아 준비한 만큼 부모님들이 정말 궁금해하는 부분에 대해 유용한 조언을 들으실 수 있으리라 생각합니다.

part 4. 의대생의 초등 생활 Q&A 에는 '초등 시기 공부와 생활'을 주제로 의대생들을 직접 인터뷰한 내용을 따로 정리했습니다. 의대생들이 초등 시기를 어떻게 보냈는지, 초등 시기에 해 두어서 도움이 되었던 것, 하지 않아 후회하는 것 등을 생생한 목소리로 이야기하고 있으니, 직접 읽어 보시며 참고하시길 바랍니다.

초등생을 둔 학부모님이라면 누구나 흥미롭게 읽고 내 아이에게 적용해 볼 수 있도록 다양한 사례와 노하우 전달에 초점을 맞추어 핵심 위주로 정리했습니다. 의대생 멘토로서 초등 생활에 관해 이야기하는 최초의 책인 만큼 또 다른 차별점을 느끼실 수 있을 겁니다. 바쁜 의대 생활 중에도 열심히 준비했습니다. 이 책이 아이들의 초등 생활에 균형을 잡아 줄 든든한 지침서가 되길 바랍니다.

차례

Part 2. 의대생의 초등 생활 원칙

초등 생활, 공부보다 먼저 해야 할 것들

자녀와 소통하는 부모님을 위한 팁

Part 3. 의대생의 초등 과목별 공부법

공부력을 키우는 초등 국어 공부 노하우

선행보다 중요한 초등 수학 실전 공부법

기본기를 잡는 초등 영어 공부 꿀팁

Part 4. 의대생의 초등 생활 Q&A

미리 알고 대비하는 중고등 공부 원칙

| 인터뷰 | 의대생들이 말하는 '나의 초등 생활'

이 책을 읽는 부모님들께

part 1

의대생의 초등 공부 원칙

초등 공부에 관한 전반적인 조언을 담았습니다. 방과 후 교실 활용법, 자체 기말고사 진행, 복습의 날 만들기 등 공부와 관련된 노하우부터, 플래너 작성법, 공부 집중력을 높이는 방법 등 공부 습관을 들이고 공부에 대한 흥미를 올리는 데 도움이 되는 방법들을 정리했습니다. 내 아이에게 적용할 수 있는 현실적이고 실질적인 노하우를 배우실 수 있을 겁니다.

공부, 가까이하는 것보다

멀어지지 않는 것이 더 중요합니다

초등 아이가 공부와 멀어지는 세 가지 이유

제가 의대에 다닌다고 하면 많은 분들이 초등학생 때부터 선행을 많이 하며 남들보다 훨씬 더 앞서갔을 거라고 짐작하시곤 합니다. 하지만 저의 초등 생활은 그렇지 않았습니다. 공부를 꾸준히 하긴 했지만 무리하여 공부하지는 않았습니다. 부모님도 특별히 공부를 더 강요하는 편이 아니셨습니다. 오히려 주변에서 공부로 부모님과 갈등하다가 공부에 거부감을 가지게 된 친구들을 종종 보았습니다.

아이가 공부하는 걸 좋아하고, 부모님의 바람대로 공부를 잘해 준다면 좋겠지요. 하지만 초등 시기에 아이가 공부와 꼭 가까울 필요는 없습니다. 이 시기에 공부를 열심히 하지 않는다고 해서 중고등 시기에 크게 문제가 되지는 않습니다.

문제가 되는 경우는 따로 있습니다. 초등 아이가 공부와 멀어지고, 공부에 거부감을 가지게 되는 경우입니다. 초등학교 때 공부를 너무 싫어하던 아이가 중고등학교에 가서 갑자기 공부를 열심히 하는 데는 한계가 있기 때문입니다. 그러니 초등 시기에는 아이가 공부와 가깝지는 않더라도 멀어지지 않게 하는 것이 중요합니다.

그렇다면, 초등 아이가 공부와 멀어지는 원인은 무엇일까요? 여기서는 세 가지 구체적인 예를 들어 말씀드리려고 합니다.

첫 번째는 아이에게 여러 과목을 한 번에 시작하도록 하는 경우입니다. 이는 아이를 학원에 보내든, 집에서 공부하게 하든 마찬가지입니다. 국어, 수학, 영어 등 여러 과목을 모두 한 번에 공부하기 시작하면 아이는 갑자기 학업에 부담을 크게 느낍니다. 이는 공부에 대한 거부감으로 이어질 수 있습니다. 그러니 초등 아이가 공부할 때는 한 번에 여러 과목을 시작하기보다, 아이가 관심을 가지는 과목부터 시작하여 3~4개월 간격으로 차근차근 과목을 늘려가는 것이 좋습니다.

두 번째는 아이의 의견을 묻지 않고 일방적으로 부모님이 공부를 시키는 경우입니다. 초등 시기부터 내 의사와 상관없이 부모님이 시키는 공부를 하면, 아이는 '공부는 부모님이 하라고 해서 어쩔 수 없이 하는 것'이라는 잘못된 인식을 하게 됩니다. 이는 중고등 시기로 이어져 사춘기가 시작되고 자기주장이 강해지면서 자연스레 공부와 멀어지는 결과로 이어집니다.

어머님, 의대생은 초등 6년을 이렇게 보냅니다

그러니 초등 시기에 공부할 때는 학원이든, 문제집이든, 부모님이 몇 가지 후보를 정해 두되, 최종 결정은 아이가 하는 방식으로 상황을 만드는 것이 중요합니다. 제 초등 시기를 돌아보면, 부모님은 저에게 학원이나 문제집을 먼저 정해 주시기보다 늘 3~4개의 선택지를 제시해 주고 제가 직접 비교한 후 원하는 것을 선택할 수 있도록 해 주셨습니다. 이런 식으로 아이가 최종 결정할 수 있도록 해야 어떤 공부를 하든 아이는 본인이 선택한 방식대로 본인을 위한 공부를 하고 있다고 인식할 수 있게 됩니다.

세 번째는 아이가 공부로 성취감을 느낄 기회가 없는 경우입니다. 쪽지 시험, 수행 평가 형태가 있긴 하나, 요즘 초등학교에는 중간고사, 기말고사와 같은 정기 시험이 없습니다. 시험을 다시 도입해야 한다는 주장은 아닙니다만, 아이들이 학업 성취감을 느낄 기회가 부족한 것이 현실입니다.

또한 아이가 나름대로 열심히 공부했는데 학교 쪽지 시험이나 단원 평가에서 좋지 못한 성적을 받는 경우도 공부와 자연스레 멀어지는 계기가 될 수 있습니다. 이럴 때는 다른 방식으로 아이가 공부 성취감을 느낄 수 있도록 부모님이 다양한 기회를 제공해 주는 것이 좋습니다.

예를 들면, '공부 플래너'를 활용하는 방법이 있습니다. 부모님이 아이와 함께 플래너를 쓰는 겁니다. 하루 동안 공부 계획을 잘 실천하면 칭찬 스티커를 주고 몇 개 이상이 모이면 보상을 해 주는 방식으로 성취감을 느끼게 할 수 있습니다. 아이 수준보다 살짝 쉬운 수준의 문제집을 매일 한 장씩 풀게 하는 방법도 있습니다. 아이가 꾸준히 쉬운 문제를 풀며 성취감과 공부 자신감을 얻는 것도 초등 시기 학업 성취감을 높이는 방법입니다.

이 세 가지만 부모님이 유의해 주시면 아이가 초등 시기 공부와 멀어지는 불상사는 막을 수 있습니다. 멀리 내다보고 꾸준히 공부하는 아이로 자라기 위한 첫걸음이라 할 수 있습니다.

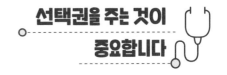

선택권을 주는 것이 중요합니다

 초등학생 때 무리하게 선행을 하며 공부하지는 않았지만 그렇다고 제가 공부를 전혀 하지 않았던 건 아닙니다. 학원도 다니고, 일부 예습도 하면서 공부와 친숙한 관계를 유지했습니다. 하지만 그 과정에서 공부에 대한 스트레스나 부담감을 가진 적은 없었습니다. 그 이유가 뭘까 곰곰이 생각해 봤습니다.

 먼저, 어머니가 저에게 공부를 강요하신 적이 없었습니다. 꼭 필요한 공부라 하더라도, 하기로 결정하는 과정에 늘 저에게 선택권을 주셨습니다. 어머니가 세 개의 학원을 제시해 주시면, 그중 제가 마음에 드는 학원을 선택할 수 있었고, 네 개의 문제집을 추천해 주시면, 그중 제가 원하는 문제집을 골라 풀 수 있었습니다.

 예를 들어, 어머니가 먼저 문제집이나 학원을 알아본 뒤 저에게 이야기해 주시면, 제가 서점에 가서 그 문제집을 살펴보고, 그 학원

23

에 다니는 친구들 이야기를 듣고 학원 상담을 받아 본 후 최종적으로 선택했습니다.

제가 하는 공부는 늘 어머니가 아닌 제가 선택한 것이었기에 초등 6년간의 공부는 억지로 해야만 하는 공부가 아니었습니다. 오히려 내가 직접 선택했다는 생각으로 더 열심히 하게 되었고, 이러한 자발성은 중학교까지 이어졌습니다. '원래 문제집이나 학원은 스스로 선택하는 것'이라는 인식 덕분에 자연스럽게 자기 주도 학습으로 이어졌으며, 공부에 대한 거부감 없이 꾸준히 좋은 성적을 유지할 수 있었습니다.

꼭 공부만이 아니었습니다. 초등 시기, 저도 다른 아이들처럼 예체능을 비롯해 다양한 활동을 배우고 경험했습니다. 그 과정에서도 부모님은 단 한 번도 저와 상의 없이 결정하신 적이 없었습니다. 먼저 권해 주실 뿐, 늘 최종 선택권은 저에게 있었습니다.

저는 초등 시기에 반드시 해야 하는 '필수'는 없다고 생각합니다. 제가 이 책에서 소개하는 공부법이나 다양한 분야에 대한 조언들도 '하면 좋은 것'일 뿐 '반드시 해야 하는 것'은 아닙니다. 하지만 한 가지 '필수'로 강조하고 싶은 것이 있다면, 바로 부모님이 아이들에게 선택권을 주는 일, 이 한 가지입니다.

이 글을 읽는 학부모님들 중에 혹시 주변에 좋다는 학원을 부모님

24

어머님, 의대생은 초등 6년을 이렇게 보냅니다

이 알아서 등록하신 후 아이를 보내거나, 괜찮은 문제집을 먼저 골라 사 온 후 아이에게 건네주는 방식으로 아이를 이끌고 계신 분이 있다면, 앞으로는 방식을 바꿔 보시길 권해 드립니다. 최종 선택권을 아이에게 줘 보는 겁니다.

이는 아이의 '공부 정서'를 길러주는 가장 기본적인 방법입니다. 아이가 스스로 자신의 공부 방향을 결정하고 있다고 생각하게 만듭니다. 본인이 선택한 학원에 다니고, 본인이 선택한 문제집을 풀면서 성적이 조금씩 오를 때 아이는 공부에 대한 성취감, 공부의 재미를 조금씩 알게 됩니다. 만약 부모님이 알아서 준비해 주신 학원에 다니거나 골라 주신 문제집을 풀어 성적이 오른다 해도, 아이는 부모님이 다 해주셨기 때문에 성적이 오른 것이라고 생각하게 됩니다. 결과적으로 이는 '공부 독립'과 멀어지는 일입니다. 오히려 부모님에 대한 의존도만 높아지게 됩니다.

공부와 관련한 것뿐만 아니라 예체능이나 방과 후 교실 등 여러 다른 과정도 마찬가지입니다. 등록하기 전에 반드시 아이에게 물어보고 선택권을 주세요. 다양한 선택지를 제시해 주는 것이 부모님의 역할이고, 선택은 아이의 권한입니다. 아무리 좋은 것이어도 부모님이 일방적으로 결정하시는 건 가장 피해야 할 일입니다.

마지막으로 한 가지 더 드리고 싶은 이야기가 있습니다. 만약 초등 아이가 먼저 부모님에게 "나 이거 해 보고 싶어.", "이거 한번 해 볼까?"라며 스스로 해 보고 싶은 일이 생겼다고 말한다면, 정말 불가능한 것이 아닌 이상 부모님이 100% 지지해 주고 기회를 만들어 주시면 좋겠습니다.

중고등학생들과 상담해 보면 자신만의 뚜렷한 목표가 없는 아이들이 많습니다. 아무래도 공부 양도 많고, 주로 학교나 학원에서 시간을 보내다 보니 꿈에 대해 고민해 볼 기회가 많이 없겠지요. 이러한 상황에서, 아이가 무언가 해 보고 싶은 게 생겼다는 건 정말 기쁘고 기특한 일입니다. 꼭 공부와 관련된 것이 아니더라도 정말 대견한 일입니다. 누구보다 부모님께서 아이의 뜻을 존중하고 지지해 주며 아이가 해야 할 공부와 하고 싶은 것들 사이에 균형을 이룰 수 있도록 도움을 주시면 좋겠습니다.

시행착오를 해도
좋을 때입니다

    학원, 과외, 인터넷 강의(인강) 등 아이들의 공부를 돕는 다양한 방법이 있습니다. 저는 초등학생 때 혼자 문제집을 풀거나 학원에 다닌 것이 전부였습니다. 초등 시기에는 이것만으로도 충분했습니다. 하지만 중학교, 고등학교에 진학한 후에 문제가 생기기 시작했습니다. 특히 고등학교에 들어가 처음으로 인강을 듣고, 과외 수업도 받게 되었는데, 공부하는 방식 자체가 처음이고 낯설다 보니 그 과정에 시행착오를 겪게 되었습니다.

    초등 시기는 앞서 말씀드린 것처럼 공부 태도를 기르고 기본기를 다져 나가는 시기입니다. 여기에 더해 제가 정말 중요하게 생각하는 것 중 하나는 아이가 '나에게 맞는 공부법'을 찾는 것입니다. 이를 위해 초등 시기부터 다양한 학습 방식을 경험할 수 있다면 내게 맞는 공부법을 찾을 좋은 기회가 될 것입니다.

물론 초등 시기에 엄마표, 아빠표로 직접 아이의 공부를 봐주시는 부모님도 있고, 좋은 학원을 수소문해 공부할 수 있게끔 해 주시는 부모님도 계시지요. 제가 말씀드리고 싶은 것은 최소한 고등학교 진학 전에, 아이가 독학, 학원, 과외, 인강 등 어떤 공부 방식이 나와 맞는지를 스스로 찾아야 한다는 겁니다.

말씀드렸다시피 저는 중학교 때까지 학원에 다니거나 혼자 공부한 경험만 있었습니다. 고등학생이 되어 처음 인강을 접했고, 어떤 과목은 과외를 받아야 할 상황도 생겼습니다. 초중등 시기에 이에 대한 경험이 없던 저는 낯선 공부 방식에 당황하고 말았습니다. 특히 과외를 구하는 과정에서 시행착오가 있었는데, 어떤 선생님이 저에게 맞는지를 모르다 보니 그저 비용과 학력만 보고 과외 선생님을 구했고, 결과적으로 저와 맞지 않는 선생님을 만나 성적은 오히려 떨어지게 되었습니다.

고등학교 시기는 시행착오를 최소화해야 하는 시기입니다. 그렇기에 고등학교 진학 전에 학원, 인강, 과외 중 어떤 공부 방식이 맞는지, 또는 맞지 않는지를 파악하는 것이 중요합니다. 그리고 학원에 다니더라도 고등학교 때 새로운 학원에 가기보다 앞서 중등 시기에 자신에게 맞는 학원을 알아 두는 것이 좋습니다.

초등 시기, 나아가 중등 시기까지는 시행착오를 해도 좋은 시기입니다. 아이가 이미 혼자서 너무 잘하고 있다고 하더라도, 혹시 다른 공부 방식이 아이에게 더 도움이 될 수도 있지 않은지 살펴봐 주세요. 최소한 학원, 인강, 과외, 이 세 가지 방식은 모두 경험해 볼 수 있게끔 기회를 주는 것이 좋겠습니다. 이러한 기회를 통해 아이에게 맞는 공부 방식을 알아 둔다면, 가장 중요한 고등 시기에 시행착오 없이 전력을 다해 집중할 수 있을 것입니다.

초등 수업을 통해 알 수 있는 세 가지 공부 규칙

제가 초등학생 때는 당연히 너무 어렸기 때문에, 학교 시스템에 대해 생각해 본 적이 없었습니다. 하지만 대학에 들어간 후 학생과 학부모님 들을 대상으로 멘토 활동을 하고 교육에 관심을 두면서 학교 운영 시스템과 학습법의 상관관계도 살펴보게 되었습니다.

초등학교는 일정한 규칙 속에서 운영되고 있습니다. 수업 시간과 쉬는 시간, 점심시간, 그리고 그 가운데 선생님의 역할까지, '초등학교'라면 가지고 있는 공통된 특징이 있습니다. 이러한 특징은 아마도 초등 시기 아이들에게 가장 적합한 방식으로 만들어진 체계일 것입니다. 이를 잘 이해한다면 초등 아이들의 공부 습관을 기르는 데에도 도움이 될 수 있을 것입니다.

지금부터는 초등학교 수업 시스템의 특징을 살펴보고, 어떻게 초등 아이들의 공부 습관에 적용할 수 있을지 정리해 보겠습니다.

첫 번째로, 초등학교에서 1교시 수업 시간은 40분입니다. 이는 초등 시기 아이들이 '공부에 집중할 수 있는 평균 시간이 40분 정도'라는 의미이기도 합니다. 그렇기에 초등 시기에는 아이를 무작정 책상에 오래 앉아 있게 한다고 해서 공부의 효율이 올라가지 않습니다. 초등학교 시스템이 보여 주듯, 초등 아이들의 평균 공부 집중 시간은 40분 정도입니다. 그러니 초등 아이가 한 시간 정도라도 책상에 앉아 공부할 수 있다면, 이미 공부 습관이 잘 잡혀 있는 것으로 생각할 수 있습니다. 만약 아이가 10~20분도 앉아 있기 힘들어한다면, 40분 동안 공부에 집중하는 것을 목표로 잡아도 충분합니다.

두 번째로, 초등학교 수업 후에는 늘 10분 동안의 휴식 시간이 주어집니다. 이를 통해 알 수 있는 두 번째 공부 규칙은 '규칙적인 휴식 시간'입니다. 아무리 공부를 잘하는 학생이라도 오랫동안 공부를 하게 되면 집중력이 떨어집니다. 이는 초등뿐만 아니라 중고등 시기에도 마찬가지입니다. 공부로 좋은 성과를 거두기 위해서는 체력 관리도 중요합니다. 초등 시기부터 공부할 때 규칙적인 휴식을 챙기는 습관이 필요합니다.

세 번째로, 초등학교 수업 시간에는 대부분 '교과서'만 가지고 수업을 합니다. 여기에서 알 수 있는 세 번째 공부 규칙은 '모든 공부의 기본은 교과서'라는 것입니다. 초등학교에서 모든 선생님이 교과서로 수업을 하는 데에는 이유가 있습니다.

　대부분 시중 참고서나 문제집은 개념을 요약하여 정리한 형태입니다. 교과서는 개념을 다루는 방식이 이와 다릅니다. 개념의 배경을 다루기도 하고, 개념에 대해 줄글로 길게 풀어 설명하기도 합니다. 어떤 개념을 장기 기억으로 저장하려면, 그 개념이 왜 생겼고, 구체적으로 어떠한 의미를 지니는지, 어떻게 적용되는지 단계적이고 반복적으로 파악하는 것이 중요합니다. 그 과정을 이해하는 동안 개념에 대해 더욱 깊이 있게 이해할 수 있기 때문입니다. 교과서에는 이러한 과정이 충실히 반영되어 있습니다.

　초등 시기부터 공부의 기본은 교과서라는 사실을 분명히 인식할 필요가 있습니다. 그러니 아이가 하교 후 집에서 공부할 때도 다른 문제집을 풀기 전에 교과서로 수업 시간에 배운 내용을 먼저 복습하도록 지도해 주시는 것이 좋습니다.

　초등학교 시스템을 통해 본 세 가지 공부 규칙을 정리해 보았습니다. 초등 시기, 아이들의 공부 습관을 기르고자 할 때 기본으로 참고하시면 좋겠습니다.

아이의 공부 집중력을 높이는 세 가지 방법

초등 아이들에게 오늘 몇 시간 공부했느냐고 물어보면 아마 대부분 아이들은 본인이 책상에 앉아 있던 시간을 공부 시간으로 답할 겁니다. 하지만 아이가 공부하겠다며 1시간 동안 책상 위에 문제집을 펼쳐 두고 앉아 있었다고 해서 정말 그 1시간 내내 집중력 있게 공부했을까요? 아닙니다. 분명 그중에는 다른 생각에 빠진 시간도 있을 것이고, 중간에 화장실을 가거나 물을 마시거나, 스마트폰을 만지거나, 만화책을 읽는 등 공부하지 않고 딴짓을 한 시간도 포함되어 있을 것입니다.

요즘 중고등학생들은 '공부 시간'이라는 용어를 쓰지 않고 '순공 시간'이라는 표현을 사용합니다. '순공 시간'은 다른 것을 하지 않고 순수하게 공부한 시간을 의미하는 신조어입니다. 학원에 간 시간, 인강 듣는 시간도 제외하고 오직 학생이 혼자서 집중해 공부한 시간

33

만을 '순공 시간'으로 칩니다.

초등 아이 중에는 책상에 오래 앉아 있지 못하고, 5~10분만 지나도 화장실에 가고, 물을 마시고, 딴짓하며 집중하지 못하는 학생들이 꽤 있습니다. 공부 습관을 들이려고 한다면 이런 학생들은 우선 책상에 앉아 있는 시간을 늘릴 수 있도록 해 주어야 합니다. 여기서 더 나아가 책상에 앉아 있는 동안 좀 더 집중해서 밀도 있게 공부할 수 있도록 도와줘야 합니다.

여기서는 이런 아이들의 공부 집중력을 높일 수 있는 방법 세 가지를 정리해 보도록 하겠습니다.

우선 첫 번째 방법은 부모님이 옆에서 아이의 공부를 함께 이끌어 주는 것입니다. 아직 공부 습관이 안 잡힌 아이가 혼자 책상 앞에 앉아 공부하는 것은 어쩌면 쉽지 않은 일일 수 있습니다. 그러니 처음에는 부모님이 아이 옆에 함께 앉아 도와주는 것이 필요합니다. 문제집의 개념을 읽어 주기도 하고, 아이가 문제를 풀고 난 후 채점을 해 주면서 함께 틀린 문제를 고치는 등 아이가 책상에 앉아 공부하는 습관을 들일 수 있도록 돕는 것입니다.

두 번째 방법은 책상에 앉아 있는 시간을 조금씩 늘려 나가는 것입니다. 다만 서서히 늘려 가야 합니다. 다른 친구들이 1시간 동안 책상 앞에 앉아 공부한다고 해서, 원래 10~20분 정도만 집중할 수 있던 아이에게 갑자기 1시간 동안 앉아 있으라고 한다면 가능하지도 않을뿐더러 아이도 부담이 될 것입니다. 목표는 현실적으로 잡는 것이 좋습니다. 아이가 5~10분씩 천천히 공부에 집중하는 시간을 늘려 갈 수 있도록 부모님이 아이와 함께 목표를 설정하고 아이가 서서히 공부 시간에 적응할 수 있도록 도와주시면 좋겠습니다.

세 번째 방법은 공부 환경을 바꾸어 주는 것입니다. 저는 초중고 시기 내내 공부를 꾸준히 했지만, 학교를 제외하고 한 곳에서 긴 시간 공부한 기억이 없습니다. 오직 한 장소에서 계속 공부해야 한다면, 당연히 지치고 지겨울 수밖에 없었을 겁니다. 저는 카페, 도서관, 집 등 환경을 다양하게 바꿔 가며 공부했고, 그러면서 공부의 지루함을 덜고 집중력을 높이곤 했습니다. 집 안에서도 공부할 수 있는 장소가 늘 두세 곳 정도 마련되어 있었습니다.

아이들도 마찬가지입니다. 늘 똑같은 장소에서 공부할 필요는 없습니다. 집에서도 아이가 공부할 수 있는 장소를 두세 곳 정해 아이가 원할 때 환경을 바꾸면서 공부할 수 있게 해 주시면 좋습니다. 도서관이나 카페 등 새로운 환경에서 공부해 보는 것도 좋습니다. 때로는 집중력을 높일 수 있는 장소를 탐색해 보는 것도 도움이 될 수 있습니다.

왜 공부해야 하는지 모르는 초등 아이에게 해 주면 좋은 말

처음에 아이가 공부를 시작하는 건 부모님의 권유로 가능합니다. 하지만 계속해서 공부하고 중고등학생이 되어서도 공부 의지가 이어져 좋은 성적으로 연결되기 위해서는 아이 스스로 왜 공부해야 하는지 깨닫는 것이 중요합니다. 공부해야 할 이유를 찾지 못한다면 공부를 오랜 시간 지속하기 어렵기 때문입니다.

저 또한 초등학생 때는 왜 공부해야 하는지 알지 못했습니다. 그저 습관으로 했습니다. 하지만 중학교 때부터 꿈이 생기면서 공부해야겠다는 동기 부여가 되었고, 성적도 점점 더 오르게 되었습니다.

아직 어린 초등 아이에게 왜 공부해야 하는지 알려주는 건 쉬운 일이 아닙니다. 잘못 말하면 공부를 강요하는 느낌이 들기도 하고, 워낙 추상적인 내용이라서 막상 설명하려면 막히기 쉽습니다. 그래도 아이들에게 동기 부여가 될 수 있는 계기를 마련한다는 차원에서 공부가 필요한 이유를 설명해 줄 필요는 있습니다. 초등학생의 눈높이에 맞춰 아이들에게 이야기해 줄 수 있는 '공부해야 하는 이유'를 아래와 같이 정리해 보았습니다.

(1) 우리가 어떤 활동을 하든, 공부가 기본이다

: 스포츠 경기를 하기 위해서는 경기 규칙을 알아야 하고, 보드게임을 즐기려면 당연히 보드게임 규칙을 알고 있어야 합니다. 악기를 연주하려면 악기 다루는 방법을 배워야 하고, 원하는 만화책을 도서관에서 대출하려면 어떻게 빌리는지 알아봐야 합니다. 이렇듯 우리의 일상은 모든 것이 '앎', '배움'과 같은 '공부'로 이루어져 있습니다. 공부하지 않는다면 스포츠 경기도 할 수 없고, 보드게임도 즐길 수 없고, 악기를 연주할 수도 없고, 원하는 만화책을 도서관에서 빌릴 수도 없습니다. 우리가 일상생활에서 어떤 활동을 하든 공부가 선행되어야 합니다. 그러니 우리가 공부해야 하는 건 당연한 일이라고 할 수 있습니다.

(2) 같은 나이의 다른 친구들도 대부분 공부한다

: 초등 아이들은 친구들이 하는 걸 따라 하고 싶어 하는 경향이 있습니다. 주변 친구들이 스마트폰을 가지고 있으면 '나도' 스마트폰을 가지고 싶고, 주변 친구들이 하는 게임을 '나도' 하고 싶습니다. 친구들 사이에서 유행하는 놀이에 '나도' 참여하고 싶고, 그래서 함께 놉니다. 또래 아

37

이들이 비슷한 게임을 하고, 아이들 사이에 공통된 놀이가 유행하는 건 아이 한둘이 시작하고, 서로 따라 하고, 함께하다 보니 그렇게 되는 것입니다.

공부도 마찬가지입니다. 또래 친구들 아무도 공부하지 않는데, 아이 혼자만 공부해야 하는 상황이라면 아이는 왜 공부를 해야 하는지 의문을 품고 공부를 거부할 수도 있을 겁니다. 하지만 아이들 대부분이 학교에 다니고 수업을 들으며 배우고 있습니다. 집에서 하든, 학원에서 하든, 시간과 방법은 다르더라도 다들 공부하고 있습니다. 다른 친구들이 재밌는 게임을 하면 같이 따라 하는 것처럼, 또래 다른 친구들이 다들 공부하니 나도 함께하는 것으로 생각하면 공부를 왜 하는지에 대한 의문을 덜 수 있을 것입니다.

친구들은 이미 다 공부해서 더 이상 공부하지 않는데 나 혼자만 공부하고 있는 상황을 아이 스스로 상상해 볼 수 있게 해 보세요. 그러면 아이는 그런 상황이 싫다고 할 것입니다. 혼자서만 공부하는 건 외롭고 힘든 일이기 때문이죠. 그러니 다른 친구들이 공부하는 시기에 함께 따라가며 공부하는 것이 좋다는 인식을 심어 주면 좋겠습니다.

(3) 공부를 열심히 해야 선택의 폭이 넓어진다

: 초등 아이 중에도 일찌감치 진로 목표를 정해 둔 아이들이 있습니다. 하지만 아직 뚜렷한 희망 진로가 없는 경우가 대부분입니다. 초등 시기

는 설사 꿈이 있더라도 얼마든지 바뀔 수 있는 시기입니다. 그런데 만약 아이가 영어를 좋아한다고 해서 영어 공부만 해 두면 어떻게 될까요? 나중에 국어 선생님이나 수학 선생님으로 희망 진로가 바뀐다면, 자유롭게 다른 진로를 선택할 수 있을까요? 영어 공부가 좋고 영어 선생님이 되고 싶다고 다른 공부는 등한시했던 아이라면, 다른 진로를 선택하기가 쉽지 않게 됩니다.

중고등 시기에도 희망하는 진로가 바뀔 수 있습니다. 그리고 희망 진로를 이루기 위해 어떤 공부가 필요한지 당장은 알 수 없습니다. 그렇기에 초등 시기에는 일단 다방면으로 두루 기본 공부를 해 두는 것이 필요합니다. 그래야 중고등 시기에 진로가 계속해서 바뀌더라도 바뀐 진로와 관련하여 무언가 시작할 수 있는 기본 지식을 가질 수 있게 됩니다. 예를 들어, 초등학교 때 꿈이 영어 선생님이었다가 중고등학교 때 수학 선생님으로 바뀌더라도 초등 시기부터 수학, 영어를 둘 다 놓치지 않고 기본 공부를 해 둔다면, 진로 선택의 폭이 넓어지게 될 것입니다.

아이에게 왜 공부해야 하는지를 알려 주는 건 쉽지 않습니다. 하지만 제가 말씀드린 이 세 가지 이유는 초등 아이도 충분히 이해할 만하고 눈높이에 맞춘 공부 동기가 될 수 있는 만큼 부모님께서 아이와의 대화 속에서 잘 녹여 활용해 보시면 좋겠습니다.

공부를 잘하는 아이들의 네 가지 특징

많은 부모님이 내 아이가 공부를 잘하길 바랍니다. 그렇다 보니 당장 눈 앞에 보이는 점수와 등수만 가지고 아이를 다그치기 쉽습니다. 하지만 공부를 잘하는 아이들이 공부만 하는 것은 아닙니다. 오히려 다른 요인들이 공부에 영향을 주는 경우가 많습니다.

저는 분야별 전문가들이 상담과 수업을 진행하는 온라인 플랫폼 네이버 엑스퍼트에서 일대일 상담 프로그램을 통해 400명이 넘는 중고등학생들의 공부 고민을 들어주고 상담을 진행한 경험이 있습니다. 또한 의대 동기, 선후배 들과도 초중고 시기에 어떻게 공부해 왔는지 이야기 나눌 기회가 많았습니다.

이를 통해 공부를 잘하는 아이들의 특징을 정리할 수 있었습니다. 물론 100% 모든 이들에게 해당하지는 않을 수 있습니다. 다만 대체로 공부를 잘하는 학생들이 가지고 있는 특징이라고 보면 좋을 것입니다. 아이의 공부 습관을 잡아 줄 때 어떤 부분에 초점을 두어야 할 지를 고민하고 계신다면, 이를 참고하시면 좋겠습니다.

공부 잘하는 아이들의 첫 번째 특징은 학교 수업에 적극적으로 참 여한다는 점입니다. 요즘에는 워낙 선행 학습을 많이 하다 보니 학 교에서 선생님이 수업하시는 내용을 이미 알고 있다고 생각하는 아 이들이 많습니다. 그러다 보니 학교 수업 시간에 졸거나 수업을 들 어도 집중하여 듣지 않는 경우가 생깁니다. 하지만 모든 공부의 기 본은 교과서에서 시작합니다. 교과서를 바탕으로 진행되는 학교 수 업을 열심히 듣는 것은 학업 측면에서도 매우 중요합니다.

더 중요한 것은 수업에 참여하는 태도입니다. 수업 시간에 나서 서 발표하고 선생님의 질문에 열심히 답하며 수업에 적극적으로 참 여하는 것은, 초중고를 통틀어 학교 선생님에게 인정받는 학생이 될 수 있는 최고의 방법입니다. 그리고 이렇게 적극적으로 참여하면 해 당 수업 내용도 기억에 더 확실히 남게 됩니다.

초등 시기부터 학교 수업에 적극적으로 참여하는 습관은 중고등 시기로도 자연스럽게 이어질 수 있습니다. 특히 고등학교에서는 수 업 태도와 적극성이 학교생활기록부에 기록되기도 하여 입시에도 영향을 줄 수 있습니다.

두 번째 특징은 기복 없이 늘 꾸준히 공부한다는 점입니다. 한 번 시험을 잘 보는 건 조금만 노력하면 가능하지만, 꾸준히 좋은 성적을 받고 좋은 모습을 보이기는 쉽지 않습니다. 공부를 잘하고 원하는 대학 입학에 성공하는 학생들은 이러한 '꾸준함'을 가지고 있습니다. 어느 날은 공부를 많이 하고, 어느 날은 공부를 아예 하지 않는 것이 아니라, 매일 꾸준히 본인이 정해 둔 시간에 맞춰 반복해서 공부합니다.

꾸준함을 기르기 위해서는 공부 플래너 작성을 습관화하는 것이 좋습니다. 초등 시기부터 플래너를 작성하며 하루에 공부해야 할 것들을 계획하고 꾸준히 실천하는 연습을 하는 것이 도움이 됩니다.

세 번째 특징은 부모님과의 관계가 좋다는 것입니다. 부모님과 관계가 원만하면, 그 자체만으로도 아이는 심적인 안정감을 느끼게 됩니다. 그러한 안정감은 아이가 공부와 학교생활에 집중할 수 있게 하기에, 자연스레 아이의 성적 향상에도 도움을 줍니다. 초등 시기부터 부모님이 함께 책을 읽고, 운동이나 취미 활동을 함께 하며 좋은 관계를 쌓는다면, 이것이 원동력이 되어 아이가 중고등 시기가 되어도 안정감을 느끼며 공부에 집중할 수 있게 될 것입니다.

마지막 네 번째 특징은 친구 관계가 원만하다는 것입니다. 공부 자체는 혼자서 하는 것이지만, 초중고 학교생활 속에서 다양한 활동을 학교 친구들과 함께해야 하기에 친구들과의 관계도 학업에 있어서 중요한 요소 중 하나입니다.

이때 친구들과 관계가 원만하다는 것이 친한 친구가 많다는 의미는 아닙니다. 정말 본인과 잘 맞는 친구 두세 명만 있어도 괜찮습니다. 대신 학급 내에서 적대감을 가진 친구는 없는 것이 좋습니다. 학급 내에서 본인과 사이가 안 좋은 친구가 생기면 학급 활동 과정에 곤란한 상황들이 발생할 수 있습니다. 그러니 모두와 친해질 필요는 없지만, 적을 만들지 않는 것은 신경 쓸 필요가 있습니다.

공부를 잘하는 학생이라고 하여 오로지 공부만 한 것은 아니었습니다. 학교 수업에 적극적으로 참여하는 태도, 성실함과 꾸준함, 평소 부모님과의 관계, 원만한 친구 관계 같은 요소가 장기적으로 공부에 도움이 되었다는 점을 기억해 주시면 좋겠습니다.

메타 인지를 높이는
세 가지 방법

공부를 잘하는 학생들은 메타 인지가 뛰어납니다. 메타 인지란 자신이 어느 정도 이해하고 있는지 파악하고 앞으로 무엇을 해 나가야 할지 학습 과정을 조절할 줄 아는 능력을 말합니다. 공부를 잘하는 학생들은 대체로 본인이 어떤 부분을 잘 알고 모르는지, 앞으로 어떤 공부를 어떻게 해야 할지 잘 파악하고 있습니다.

그저 해야 하니까, 또는 누군가의 지시에 따라 수동적인 공부를 하는 것이 아니라 본인이 부족한 부분을 채우는 능동적인 공부를 합니다. 그래서 똑같은 시간을 공부하더라도, 본인의 약점을 보완하는 공부를 합니다. 그만큼 밀도 있는 공부를 할 수 있게 됩니다.

저도 초등학생 때는 나에게 필요한 공부를 찾아서 하기보다는 학원 숙제에 의존하는 경향이 있었습니다. 하지만 중고등 시기를 지나며 어떤 부분이 부족한지 스스로 파악하고, 약점을 보완하는 위주로 공부하게 되었고 이후 안정적으로 좋은 성적을 받을 수 있었습니다.

사실 메타 인지는 단번에 생기는 것은 아닙니다. 오랜 시간을 거쳐 아이가 공부하는 과정에서 습득하게 되는 것입니다. 메타 인지를 향상시키기 위해 초등 시기에는 어떤 것들을 해 보면 좋을까요? 지금부터 메타 인지를 훈련할 수 있는 세 가지 방법에 대해 말씀드리겠습니다.

첫 번째 방법은 부모님의 적절한 피드백입니다. 아이가 학교에서 단원 평가나 수행 평가 같은 시험을 보고 온 날, 부모님이 시험에 대해 피드백을 해 주시는 것입니다. 아이와 함께 앉아서 이번 시험에서 어떤 부분이 어려웠는지, 그 부분이 어려웠던 이유가 무엇인지, 개념을 잘 몰라서였는지, 유형이 낯설어서였는지, 실수였는지 등을 함께 이야기해 보는 것입니다.

이때 부모님의 피드백이 자칫 아이를 혼내는 분위기가 되어서는 곤란합니다. 아이가 시험 결과를 바탕으로 본인이 부족했던 부분을 객관적으로 파악할 수 있게끔 도와주는 것이 중요합니다. 그리고 아이가 부족한 부분을 어떻게 보완할 수 있을지도 이야기 나누며 공부 계획까지 함께 세워 주시면 좋습니다.

처음에는 부모님이 도움을 주는 부분이 많겠지만, 시험을 본 뒤 피드백하는 것이 습관이 되면 점점 아이가 스스로 피드백에 참여하는 비중이 늘게 됩니다. 이는 이후 중학교, 고등학교에 진학한 후 아이가 자기 주도적인 학습을 하는 데도 도움을 줄 것입니다.

두 번째 방법은 공부 플래너를 꾸준히 작성하는 것입니다. 플래너 작성을 통해 아이는 스스로 본인의 공부량을 한눈에 확인할 수 있습니다. 특히 본인이 어떤 과목을 위주로 공부하고 있는지, 어떤 과목 공부 시간이 부족한지 객관적으로 확인할 수 있게 됩니다. 스스로 계획하고 내가 어느 정도 하고 있는지 확인하는 과정을 반복하기에, 플래너 작성은 성취감을 주는 동시에 메타 인지 향상에 도움을 주는 중요한 습관이 됩니다.

세 번째 방법은 '백지 암기법'을 활용하는 것입니다. 이는 개념 공부를 할 때 활용할 수 있는 방법으로, 개념을 암기한 후 본인이 암기한 개념을 백지에 써 보는 연습을 하는 겁니다.

많은 아이들이 개념 공부를 할 때 몇 번 읽어 본 후 개념에 대해 다 이해했다고 쉽게 착각합니다. 하지만 남에게 설명할 수 없고, 글로 쓸 수 없다면 가짜 지식입니다. 진짜 지식이 되게 하려면 개념을 암기한 후 다른 사람이 이해할 수 있도록 말로 설명하거나 글로 표현할 줄 알아야 합니다. 그래서 개념 암기 후 백지 복습, 즉 백지에 개념 키워드만 써 두고 개념의 정의를 적어 보는 연습이 필요합니다. 이 방법은 특히 본인 스스로 부족한 부분이 무엇인지 파악하는 데 유용합니다. 백지 복습 훈련이 메타 인지 향상에 도움을 주는 것입니다.

　중학교, 고등학교에 진학한 후에는 공부에 투자할 수 있는 시간이 제한적입니다. 그 공부 시간을 누가, 얼마나 더 효율적으로 활용하느냐에 따라 성적의 차이가 생깁니다. 그러니 공부를 밀도 높게 하기 위해서는 '메타 인지'를 높이는 것이 무엇보다 중요합니다. 말씀드린 세 가지 방법을 활용하여 초등 시기부터 아이들이 메타 인지를 조금씩 키워갈 수 있도록 도움을 주시면 좋겠습니다.

'흥미'와 '습관'

두 마리 토끼 잡기

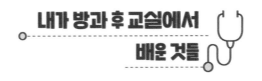

내가 방과 후 교실에서
배운 것들

초등 시기는 다양한 분야에 도전하고 참여하며 경험을 쌓는 시기입니다. 새로운 시도를 두려워하기보다 실패하더라도 해 볼 수 있는 좋은 시기이기도 하죠. 그렇게 다양한 분야에 도전해 볼 수 있는 방법으로 저는 '방과 후 교실'을 추천합니다.

초등학교에는 '방과 후 교실'이 있습니다. 가벼운 부가 시간처럼 여겨지는 방과 후 교실도 실은 무궁무진한 배움의 장이 될 수 있습니다. 저는 초등 3학년부터 5학년까지 방과 후 교실을 통해 한자 공부를 하면서 한자능력시험 자격증을 2급까지 취득했습니다. 초등 4학년부터 6학년까지는 방과 후 교실의 컴퓨터 수업을 통해 한글, 파워포인트, 엑셀 사용법 등을 배웠습니다. 소소한 것이라고 볼 수도 있지만 초등 시기에 하길 정말 잘했다고 생각하는 것들입니다.

이렇듯 방과 후 교실에서는 합리적인 비용으로 원하는 것을 시도

하고 배우며 취미 생활도 만들고 적성도 찾아볼 수 있습니다. 그중에서도 저는 방과 후 교실을 통해 '컴퓨터'와 '한자'를 배워볼 것을 추천합니다.

우선 첫 번째는 '컴퓨터'입니다. 저는 방과 후 교실의 '컴퓨터' 수업에서 한글, 워드, 파워포인트, 엑셀 프로그램의 기본적인 기능을 배우고, ITQ(정보기술자격) 자격증을 준비하고 취득하면서 성취감을 느낄 수 있었습니다. 초등 4, 5학년 때는 기본 기능 학습과 자격증 준비를 위주로 하고, 6학년 때는 블로그와 유튜브 등에 글과 영상을 직접 만들어 올리는 것을 배우기도 했습니다. 이렇게 방과 후 교실을 통해 컴퓨터를 배운 경험은 중고등 시기에 큰 도움이 되었습니다.

중고등학교에 가면 학교 수업 시간에 파워포인트를 활용해 발표해야 하는 활동도 많고, 한글이나 워드를 활용해 과제를 작성하는 경우도 많습니다. 초등학교 때 방과 후 교실을 통해 미리 배워 둔다면, 같은 내용이라도 프로그램의 기능을 최대한 활용해 좀 더 깔끔하고 가독성 있는 발표 자료와 과제를 준비할 수 있습니다.

의대에 입학 후 의대 필수 과목으로 파이썬, R 프로그램을 활용한 코딩 등을 배우며 살짝 놀라기도 했습니다. 요즘 이공계열이라면 컴퓨터에 관한 능력은 필수이자 기본이 되는 만큼 초등 시기에 방과 후 교실을 활용해 보면 도움이 될 것으로 생각됩니다.

두 번째는 '한자'입니다. 저는 초등 3학년부터 3년 동안 방과 후 교실을 통해 5급부터 시작해 2급까지 한자능력급수를 취득했습니다. 한자 공부는 중고등 시기에 할 여유가 없는 만큼 초등 시기에 해 두는 것이 좋습니다.

한자 공부를 해 두면 중학교 진학 후 본격적으로 공부를 해야 할 때 어휘력과 암기력 향상에도 큰 도움이 됩니다. 중학교에 올라가면 갑자기 교과서 어휘가 어려워지는데, 이때 한자 공부를 해 둔 학생 이라면 당황하기보다 한자를 활용해 단어의 의미를 유추하며 이해 할 수 있습니다. 개념 공부를 할 때도 단어의 의미를 더 빠르고 오래 기억하는 데 큰 도움이 됩니다.

또 목표 없이 공부만 하기보다는 급수 취득을 목표로 두고 공부한 다면 성취감을 높이고 동기 부여하는 데도 도움이 될 것입니다. 저 는 3년 동안 2급까지 취득했지만 1~2년 정도 시간을 투자해 준3급 ~3급 수준까지만 해 두어도 중고등 시기 한자로 도움을 받기에 충 분합니다.

과학 공부는 '실험 + 과학 잡지 + 과학 만화책' 조합을 추천합니다

아이가 이공계열이나 의학 관련 학과에 진학하기를 희망하는 학부모님들 중에 초등 시기에 중고등 과학 선행 학습을 시키는 분들이 있습니다. 하지만 과학은 선행이 중요한 과목이 아닙니다. 선행은 중학교 고학년 때 고등 내용을 선행하는 정도로 해도 충분합니다. 대신 초등 시기에는 아이가 과학에 관심과 흥미를 갖도록 해 주는 것이 정말 중요합니다. 초등 시기에 과학을 흥미 있게 접하지 못한다면 중고등학교에 가서 과학은 배움의 즐거움을 느끼는 과목이라기보다 그저 해야 하니 하는 과목이 돼 버리고 말기 때문입니다. 이렇게 되면 공부 효율도 떨어질 수 있습니다.

그렇다면 어떻게 해야 초등 시기에 과학에 대한 흥미를 길러줄 수 있을까요? 저는 '실험', '과학 잡지', '과학 만화책' 이렇게 세 가지 조합을 추천합니다. 저는 초등 시기에 이 세 가지 과정 없이 바로 두꺼

운 과학책을 읽히는 것은 권하지 않습니다. 과학 자체의 이미지를 무겁게 가져가기보다 가볍게 접하며 흥미를 갖는 것이 중요하기 때문입니다.

초등학생 때 저도 과학 잡지와 과학 만화책을 즐겨 읽으면서 과학 상식을 쌓고 과학에 대한 흥미도 키웠습니다. 그리고 과학 실험 학원에 다니면서 현행 초등 과정에 나오는 다양한 실험을 직접 해 본 경험도 도움이 되었습니다.

먼저 소개해 드릴 것은 '과학 잡지 읽기'입니다. 초등 시기에 저는 과학 잡지 읽는 것을 무척이나 좋아했습니다. 과학 잡지 안에는 만화를 포함해 최신 과학 뉴스나 초등학생들이 알아 두면 좋은 과학 상식도 실려 있어 과학에 대한 흥미를 놓치지 않으며 전반적인 소양을 기를 수 있게 해 줍니다. 만화책과 지식책 사이의 다리 역할을 해준다고 볼 수 있습니다. 그림도 많고, 내용도 초등학생이 읽기 어렵지 않아서 아이가 자연스럽게 과학을 접하는 데에 도움이 됩니다. 〈과학소년〉, 〈우등생 과학〉, 〈어린이 과학동아〉 등 여러 과학 잡지가 있으니, 낱권으로 구매하여 읽어 본 후 아이의 수준과 선호에 맞는 종류로 정기구독해 보아도 좋겠습니다.

두 번째는 '과학 만화책'입니다. 저는 교육용 만화책도 충분히 도움이 된다고 생각합니다. 만화책을 좋아하는 시기인 만큼, 과학 역시 만화를 통해 접하면 아이들이 부담감 없이 과학에 입문할 수 있습니다. 제가 즐겨 있었던 만화책은 《어린이 과학 형사대 CSI》, 《내일은 실험왕》, 《내일은 발명왕》 등입니다. 이 세 개 시리즈 모두 초등학생들이 정말 흥미롭게 읽을 수 있는 내용이라 첫 편만 읽기 시작해도 곧잘 따라 읽을 수 있을 것입니다.

세 번째로 말씀드릴 '과학 실험'의 경우, 학원을 보내는 것도 방법이 될 수 있겠지만 저는 굳이 학원에 보내지 않고 집에서 하는 방법을 알려드리려고 합니다. 제가 즐겨 읽었던 과학 만화책인 《내일은 실험왕》과 《내일은 발명왕》의 큰 특징 중 하나는 책에 나온 실험이나 발명품을 '직접' 체험해 볼 수 있는 실험 키트가 만화책과 함께 제공된다는 점입니다. 저 역시도 만화책을 재미있게 읽은 후, 어머니와 함께 실험 키트를 활용해 실제 실험도 해 보고 발명품도 직접 만들어 보며 과학에 한층 더 가까워질 수 있었습니다.

초등 시기에 과학은 과학 과목 자체에 흥미를 갖도록 이끌어 주는 것이 가장 중요합니다. 이때 흥미를 갖지 못하면 중고등학교에 가서 과학 공부가 더 어려워질 수 있습니다. 아이가 과학에 흥미를 느끼도록 하는 데 초점을 맞춰 과학 잡지, 과학 만화책, 실험 이렇게 세 가지 조합을 활용해 보시면 좋겠습니다.

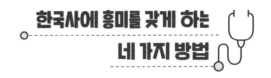

한국사에 흥미를 갖게 하는 네 가지 방법

'한국사'는 내신과 수능의 필수 과목입니다. 고등 내신뿐만 아니라 중등 내신에도 포함되는 과목이죠. 중고등 6년 내내 따라다니는 과목이라고 볼 수 있습니다.

한국사는 막상 공부하려고 보면 내용이 무척 방대합니다. 한국사에 대한 흥미나 관심 없이 중고등 때 그저 암기 과목이라는 생각으로 접근하면 그저 암기할 것투성이인 따분하고 재미없는 과목이 되고 맙니다. 공부할 때 효율이 떨어지고 좋지 않은 성적으로도 이어질 수 있습니다. 그러니 초등 시기에 한국사를 흥미롭게 접하고 기본 지식까지 쌓을 수 있다면 나중에 중고등 시기에 본격적으로 한국사를 공부할 때 큰 도움이 될 것입니다.

여기서는 초등 아이들이 한국사에 흥미를 갖고 접근할 수 있는 네 가지 방법을 말씀드리겠습니다.

57

첫 번째는 한국사를 주제로 한 교육 만화를 활용하는 것입니다. 대체로 초등 아이들은 만화책을 즐겨 읽고 일단 만화책이라고 하면 부담 없이 읽습니다. 그러니 한국사 내용을 다루는 만화책을 접하고 자연스럽게 읽도록 하면 한국사 진입 장벽을 낮출 수 있습니다.

두 번째 방법은 '역사 영화'를 활용하는 것입니다. 영화 〈사도〉, 〈한산: 용의 출현〉, 〈천문: 하늘에 묻는다〉, 〈영웅〉, 〈동주〉 등 한국 역사의 주요 인물이나 사건을 소재로 한 좋은 영화들이 많습니다. 부모님과 즐겁게 영화를 보다 보면 자연스레 아이도 영화의 배경이 된 한국사에 흥미를 갖게 됩니다. 영화를 본 뒤 관련된 역사 지식을 아이와 함께 이야기 나눈다면 더욱 좋을 것입니다.

세 번째 방법은 역사 관련 전시를 관람하거나 유적지를 견학하는 것입니다. 박물관이나 전시회, 실제 유적지까지 아이가 직접 역사 관련 내용을 눈으로 보고 몸으로 느낄 수 있게끔 해 주시는 것입니다. 초등 시기에는 줄글을 억지로 읽히는 것보다 직접 눈으로 많이 보며 경험을 쌓는 것이 중요합니다. 이때 경험이 나중에 역사를 공부할 때 무척 유용합니다. 단순히 암기만 하는 것이 아니라 예전에 부모님과 함께 갔던 경험을 떠올리며 자발적으로 흥미를 갖고 공부할 수 있기 때문입니다.

마지막 네 번째는 '한국사능력검정시험'을 준비하는 것입니다. 초등 아이 중에 특히 승부욕이 있는 아이들은 목적 없이 공부할 때보다 시험이라는 구체적인 목표가 있을 때 동기 부여가 되어 열심히 공부합니다. 저 역시 초등 시기에 한국사능력검정시험을 준비해 자격증을 취득하기도 했습니다. 만약 아이가 승부욕이 강하거나 교과 성적에 대한 욕심이 있다면, 한국사능력검정시험 관련 책을 한 권 사 주며 혼자서 공부하게 해도 좋습니다. 아니면 방학 기간을 활용해 한국사 학원이나 특강 같은 것을 들어 보게 하는 것도 하나의 방법이 될 수 있습니다.

한국사는 내신과 수능의 필수 과목입니다. 초등 시기는 구체적인 지식을 아는 것보다, 중고등 때 좀 더 재미있게 공부할 수 있도록 한국사에 대한 흥미를 갖게 하는 것이 중요합니다. 제가 말씀드린 네 가지 방법을 활용하여 초등 시기에 아이가 최소한 한국사에 거부감은 갖지 않도록 부모님이 챙겨 주신다면 분명 본격적으로 한국사를 공부할 시기에 도움이 될 것입니다.

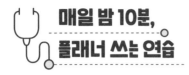

매일 밤 10분, 플래너 쓰는 연습

중고등학교 시기에 학교생활을 잘하는 학생들의 공통적인 특징 중 하나는 '성실성'입니다. 어떤 날은 공부를 열심히 하고, 또 어떤 날은 공부하지 않는 게 아니라 매일 해야 할 분량을 소화해 내는 꾸준함과 성실성을 지니고 있습니다. 이러한 성실성을 초등 시기에 미리 습관화하면 중고등 시기 공부뿐만 아니라 일상생활에도 큰 도움이 됩니다. 이를 위해 저는 초등 시기 부모님이 아이와 매일 밤 10분을 투자해 플래너 쓰는 연습을 함께 하길 권합니다.

저는 초등 때는 아니지만 중학교에 들어가기 시작하면서부터는 플래너를 쓰면서 공부했습니다. 그리고 지금도 중고등학생들을 만날 때면 늘 플래너를 쓰라고 당부합니다. 워낙 학교생활도 바빠지고 해야 할 공부가 많아지다 보니 플래너를 쓰지 않으면 반드시 해야 하는데 잊어버리고 못 하는 공부가 생기기 때문입니다. 또한 플래너가 없으면 본인이 어느 과목을 어느 정도 공부했는지 객관적으로 파악할 수 없습니다. 그러다 보면 본인이 좋아하는 특정 과목 공부에만 치우치기도 하고, 여러 과목을 균형 있게 공부하지 못하게 됩니다.

중학생이 된 후에 갑자기 플래너를 쓰려면 습관을 잡는 데 시간이 걸릴 수 있습니다. 초등 시기부터 플래너 작성을 당연히 해야 하는 일로 인식하는 것이 좋습니다.

플래너 쓰는 연습은 플래너 구입에서부터 시작합니다. 당부드리고 싶은 것은, 부모님이 직접 플래너를 사지 마시라는 겁니다. 플래너 작성 자체도 낯선 아이에게 부모님이 사다 준 플래너는 더더욱 멀게 느껴질 겁니다. 이내 플래너 작성에 소홀해지고 플래너에 대한 애정도 낮아질 수 있습니다. 그러니 첫 단계는 아이와 함께 문구점에 가서 아이가 마음에 들어하고 원하는 플래너를 사 주시는 것입니다. 그래야 아이가 마음을 열고 플래너 작성에 임할 수 있습니다.

다음 단계는 플래너 작성으로, 플래너에 다음 날 해야 할 공부나 중요한 일들을 적으면 됩니다. 여기서 팁 한 가지를 드리자면, 플래너를 쓸 때는 왜 플래너를 쓰는지 생각해야 합니다. 플래너를 쓰는 목적은 플래너에 써 둔 목표를 하나씩 달성하며 지워 나가는 데에 있습니다. 그 과정에서 매일 작은 성취감을 느낄 수 있습니다.

만약 학원 영어 숙제로 단어장 1, 2, 3과 암기하기가 있다면, 일반적으로 '단어장 1~3과 암기'라고 적기 쉽습니다. 하지만 플래너를 쓸 때, 특히 공부 계획을 적을 때는 '최대 3~4개로 세분화'하여 적는 것이 좋습니다. 예를 들어, '단어장 1~3과 암기'로 적는 것이 아니라 '단어장 1과 암기', '단어장 2과 암기', '단어장 3과 암기'로 나누어 적습니다. 그리고 각각의 과제를 완료할 때마다 그때그때 지워 나갑니다.

만약 수학 숙제가 유형 1~10까지 총 열 개의 유형 문제를 풀어오는 것이라면, 플래너에 적을 때는 '수학 유형 1~10 풀기'가 아니라 '수학 유형 1~3 풀기', '수학 유형 4~6 풀기', '수학 유형 7~8 풀기', '수학 유형 9~10' 풀기로 적습니다. 이렇게 3~4개 정도로 세분화하면 아이가 공부하는 과정에서 좀 더 성취감을 느낄 수 있습니다.

이런 식으로 매일 밤 10분씩 부모님과 같이 플래너를 씁니다. 다음 날 계획을 적기 전에 전날 플래너에 적은 것들을 잘했는지 부모님이 확인해 주시면 되겠습니다.

플래너 활용법으로 한 가지 더 추가한다면, 플래너 안에 메모할 수 있는 작은 칸을 활용해서 '공부에 관한 명언'을 적어 보는 겁니다. 아이가 매일 적을 수 있도록 몇 가지 명언을 부모님이 미리 골라 준비해 주시면 좋습니다. 공부에 대한 올바른 인식을 가질 수 있고, 동기 부여 면에서도 도움이 될 것입니다.

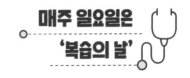

공부는 새로운 내용을 배우는 것만큼이나 '복습'이 정말 중요합니다. 이는 지금 제가 의대에 다니며 공부하면서도 느끼는 바입니다. 처음에 교수님의 수업을 들을 때에는 다소 추상적으로 들리는 부분도 있고, 이해가 안 되어 별 표시를 해 두는 부분도 있습니다. 하지만 수업이 다 끝나고 혼자서 차분히 다시 책을 넘기며 복습하다 보면 수업 내용이 좀 더 명확하게 이해되고 교수님께서 말씀하셨던 내용이 머릿속에 하나둘 자리를 잡아가게 됩니다.

예를 들어, '수업을 듣는 것'은 드라마 1~12회를 하나의 영상으로 정리한 요약본을 보는 것과 같다고 생각합니다. 드라마 총 12회분의 내용을 하나의 영상으로 정리해 둔 것이기에 드라마의 전반적인 줄거리와 흐름은 이해할 수 있으나 이것만으로 세세한 이야기들까지 알 수는 없습니다. 만약 이 드라마를 주제로 시험을 본다면, 요약본

63

만 보고서는 좋은 점수를 받을 수 없겠죠.

공부도 마찬가지입니다. 학교 수업 시간은 선생님이 하나의 주제에 대해 중요한 개념과 문제를 위주로 핵심을 짚어 주고 공부의 방향을 잡아 주는 시간입니다. 이 지식이 나의 것이 되려면, 교과서를 혼자서 다시 읽어 보고 문제를 풀어 보고 개념을 암기하며 복습하는 과정이 필요합니다. 복습은 기본적으로 수업을 들은 당일 저녁 20~30분 정도 투자하여 바로 정리해 주는 것이 좋습니다. 하지만 이렇게만 복습하면 단기 기억으로는 효과적이지만, 장기 기억까지 이어지지는 못하는 경우가 많습니다. 그래서 저는 일주일에 하루, 매주 일요일을 '복습의 날'로 보낼 것을 권합니다.

중고등학교 때 저는 매주 일요일 아침을 '복습'에만 집중하여 공부하는 시간으로 보냈습니다. 그때 들었던 생각이 초등학교 때부터 이렇게 공부했더라면 훨씬 도움이 됐겠다는 후회였습니다.

초등학생 때도 물론 복습을 하긴 했지만, 따로 특정한 요일을 정해 두고 하지는 않았습니다. 하지만 중고등 시기에 매주 일요일을 복습의 날로 정하고 규칙적으로 복습을 하니 공부에 정말 많은 도움이 되는 걸 느꼈습니다.

매주 일요일 아침에 한 '복습의 날' 공부는 다음과 같은 방식으로 진행되었습니다. 그 주 월요일부터 토요일까지 했던 공부에 대해서 과목별로 30분씩 시간을 들입니다. 먼저 어떤 개념들을 배웠는지 복습하고, 그다음 틀린 문제를 다시 풀어 보며 점검합니다.

이렇게 일주일에 한 번, 과목별로 30분씩 시간을 내어 그 주에 했던 공부 내용을 전체적으로 복습하는 시간을 가지면, 공부 내용이 장기 기억으로 저장되기 쉽습니다. 또한 그동안 해 온 공부가 누적되는 느낌이 들며 성취감도 더 크게 느끼게 됩니다.

초등 시기부터 이렇게 매주 일요일을 복습의 날로 정하고 습관화한다면, 중고등 시기에도 자연스레 복습의 날을 활용하여 좀 더 탄탄히 공부할 수 있을 것입니다. 공부는 결국 작은 공부 습관이 쌓여 좋은 결실로 이어지는 것입니다. 소소한 '복습'으로 보일지라도 쌓이면 큰 힘이 됩니다. 무리한 선행보다 중요한 건 복습하는 습관입니다. 아이와 상의하여 각 가정에서도 일주일에 한 번 '복습의 날'을 정해 실천해 보시길 권합니다.

매 학기 말, 내 아이만을 위한 자체 기말고사

현재 초등학교에는 중간고사와 기말고사가 없습니다. 물론 단원 평가나 수행 평가 형태로 평가는 이루어지고 있지만, 수시로 치러지는 이런 평가는 상대적으로 부담이 적을 수밖에 없습니다.

제가 초등학생 때만 해도 초등학교에 중간, 기말고사가 있었습니다. 이후 중고등학교 6년을 거치면서도 내내 중간, 기말고사를 봐 왔습니다. 물론 시험을 본다는 것에 대한 부담은 있었지만, 제게 중간, 기말고사는 과목별로 한 학기에 배운 내용을 복습하고 정리하는 기회이기도 했습니다.

의대에 진학한 후에도 3학년부터는 매 1~2주 간격으로 시험을 보고 있습니다. 그러면서 시험의 순기능에 대해 고민하게 되었습니다. 제가 내린 결론은 이렇습니다. 현재 초등학교에 중간, 기말고사가 없지만, 부모님이 학기 말에 내 아이만을 위한 '자체 기말고사'를 진행해 주시는 겁니다. 시험의 순기능을 대신할 수 있는 방편이라고 할 수 있습니다.

제가 말씀드리는 '자체 기말고사' 방식은 한 학기가 끝날 무렵 일주일 정도 전 과목 교과서를 함께 넘기며 부모님이 아이와 함께 내용을 정리하는 겁니다. 이때 아이가 해당 내용에 대해 스스로 설명해 볼 수 있도록 부모님이 옆에서 도와줍니다. 일주일 동안 하루에 한 과목꼴로 정리해 주시면 됩니다.

그런 후 시중에 나와 있는 과목별 단원 평가 문제집을 구매하여 과목당 하나의 시험지를 준비합니다. 만약 수학이 총 여섯 개 단원으로 되어 있다면 각 단원당 다섯 문제씩 무작위로 뽑고 이를 오려 총 30문제로 구성된 시험지 하나를 만듭니다. 예를 들어, 국어, 수학, 영어, 사회, 과학 이렇게 다섯 과목이라고 가정하면, 실제로 어머님이나 아버님의 감독하에 하루에 다섯 과목 시험을 보는 것입니다.

시험 순서는 국어, 수학, 영어, 사회, 과학 순으로, 시간대는 국어, 수학을 오전 시간대에 보고, 점심을 먹은 뒤 영어, 사회, 과학을 봅니다. 각 시험은 40분씩 보고, 과목과 과목 사이에는 10분의 여유 시간을 줍니다.

이렇게 일주일 동안 한 학기 교과를 정리한 후 마지막 날에 모든 과목 시험을 보는 것이 제가 말씀드리는 '내 아이만을 위한 자체 기말고사'입니다. 이렇게 하길 권하는 이유는 두 가지입니다.

67

첫 번째는 '아이가 한 학기 내용을 복습할 기회'를 주고자 하는 목적입니다. 초등 시기는 과한 선행보다 현행 과정을 충실하게 공부하는 것이 더 중요합니다. 한 학기가 끝났는데 기말고사를 보지 않으면 해당 학기에 대해서는 복습할 기회도, 동기도, 의지도 없어집니다. 바로 방학을 맞이하고 이어 다음 학기 예습을 시작하면, 복습할 시간은 아예 사라져 버립니다. 하지만 이렇게 자체 기말고사를 진행하게 되면, 아이가 복습해야 할 동기가 생기고 실제로 한 학기 동안 배운 내용을 복습하는 데도 도움이 됩니다.

두 번째는 '범위를 섞어서 문제를 푸는 연습'이 중요하기 때문입니다. 제가 중고등학생들에게도 항상 강조하는 부분이 바로 이 부분입니다. 한 단원씩 단원 평가 형태로 평가하면 많은 학생이 본인의 실력보다 시험을 더 잘 보는 경우가 많습니다.

특히 수학 과목이 그렇습니다. 한 단원씩 시험을 보는 단원 평가는 만약 이번 수학 단원의 주제가 '분수'라면 학생들이 깊은 고민을 하지 않고 모르는 문제나 헷갈리는 문제가 나와도 자연스럽게 '분수를 사용하면 되겠네'라는 생각으로 문제에 접근합니다. 즉, 어떤 개념을 사용하면 되는지에 대해 미리 알고 있는 상태에서 문제를 풀기 때문에 정확한 실력 테스트가 어렵습니다. 하지만 실제 중고등학교에서 시험 문제는 중간, 기말고사에 최소 2~3개 단원이 섞인 채 출제됩니다. 이때 문제를 푸는 첫 단계는 '이 문제를 풀려면 내가 배운

어머님, 의대생은 초등 6년을 이렇게 보냅니다

2~3개 단원 중에 어떤 개념을 사용해야 하는지'에 대한 실마리를
끄집어 내는 것입니다.

범위가 무작위로 섞인 문제를 풀며, 내가 배운 개념 중 어느 개념
을 사용해야 하는지를 파악하는 능력이 정말 중요합니다. 이게 안
되면 매번 수학 시험에서 시간이 부족해집니다. 한 문제당 30초씩만
머뭇대도 30문제면 15분이나 지체되는 셈입니다. 그러니 초등 시기
에 한 학기에 배운 내용이 섞여 있는 형태로 문제를 풀어 보는 것이
이러한 능력을 미리 익히는 데 도움이 될 것입니다.

이러한 두 가지 이유를 참고하시어, 매 학기 말에 내 아이만을 위
한 '자체 기말고사'를 진행해 보시길 추천합니다.

아이의 공부 습관을 잡아 줄 학습 코칭 활용법

초등 시기에는 '공부 정서'를 잘 잡아주는 것이 중요합니다. 아무리 부모님이 좋은 공부 환경을 제공해도 아이가 스스로 공부하려는 의지가 없으면 막상 공부에 집중해야 할 중고등 시기에 무너지기 쉽습니다. 만약 아이가 스스로 공부하는 습관이 잡혀 있지 않고, 학원이나 과외를 통한 공부 방식도 어려워한다면 '학습 코칭'을 활용해 보는 것도 좋습니다. 학습 코칭이란 보통 대학생 과외 선생님이 아이와 공부 스케줄을 함께 세우고 학원이나 과외 숙제를 관리해 주는 것을 말합니다. 선생님이 아이의 공부 고민을 함께 나눠 주는 역할을 맡기도 합니다.

제가 초등학생 때는 학습 코칭이라는 개념 자체가 없었습니다. 하지만 최근에는 학습 코칭만을 전문으로 해 주는 학원도 생기고, 학습 코칭 선생님을 연결해 주는 사이트나 앱도 인기를 끌고 있습니다. 실제로 아이가 목표하는 학과에 다니는 대학생 선생님에게 학습 코칭을 받으며 새롭게 동기 부여가 되는 경우도 있습니다.

이러한 학습 코칭은 보통 주 1회로 진행되며 아이의 공부 습관을 잡는 데 도움을 줍니다. 물론 부모님이 이 역할을 해 주셔도 좋지만, 부모님이 현실적인 문제로 아이의 공부에 많이 신경 쓰지 못할 상황이거나 아이가 부모님 말씀을 잔소리로만 받아들이고 공부 습관이 잘 잡히지 않은 상태라면 대학생 선생님을 통해 학습 코칭을 받아보는 것도 하나의 방법이 될 수 있습니다.

주 1회 1~2시간 정도 학습 코칭을 진행한다면 그 과정은 다음과 같습니다. 우선 아이가 일주일 동안 스스로 공부 계획을 세우고 공부를 잘하고 있는지 점검합니다. 아이가 수학 연산, 국어 문법 등 특정 분야에 약한 부분이 있다면, 이 부분에 대해 직접 수업하고 1주일 분량의 숙제를 내주면서 아이의 약점을 보완하는 역할도 해 줍니다. 아이가 만약 공부에 대한 고민, 또는 꼭 공부가 아니더라도 학교생활에 대한 고민이 있다면 함께 이야기를 나누기도 하고, 아이에게 든든한 대학생 형, 오빠, 누나, 언니 역할을 하기도 합니다.

최근에는 학습 코칭을 매칭해 주는 사이트와 앱도 생겨 원하면 이를 통해 학습 코칭 선생님을 구할 수도 있습니다. 지금부터는 학습 코칭 선생님을 구할 때 고려해야 할 몇 가지 포인트에 대해 짚어드리도록 하겠습니다.

71

첫 번째는 '성별'입니다. 아이가 평소 남자 선생님이랑 잘 맞았는지, 여자 선생님이랑 잘 맞았는지 고려하여 선생님의 성별을 정하는 것이 좋습니다.

두 번째는 '흡연 여부'입니다. 선생님 중에는 흡연을 하는 일부 선생님도 있습니다. 아무래도 몸에 담배 냄새가 배기 때문에, 아이에게 당연히 좋지 않은 영향을 줄 수 있습니다. 이 부분이 신경 쓰인다면 흡연 여부도 꼭 확인해 보는 것이 좋습니다.

세 번째는 '학력'입니다. 여기에서 제가 말씀드리는 학력은 좋은 학교에 다니는 선생님이 무조건 더 좋다는 뜻이 아닙니다. 만약 아이가 희망하는 학과가 있다면, 그 학과에 다니는 선생님을 선택하는 것이 좋습니다. 아이가 희망하는 학과에 다니는 선생님에게 코칭을 받게 되면 아이가 공부 자극을 받고 목표를 더욱 뚜렷하게 세우는 계기가 될 것입니다.

만약 아이가 목표 학과가 없다면, '교대' 또는 '사대'에 재학 중인 선생님을 선택하시기를 권합니다. 교대와 사대는 둘 다 '어떻게 학생들을 잘 가르칠지'에 관해 공부하는 학과인 만큼, 아이에게 학습 코칭을 해 줄 때도 단순히 아르바이트 개념보다는 자신이 대학에서 배운 것들을 실제 적용해 본다는 생각으로 좀 더 전문적인 학습 코칭을 해 줄 수 있습니다. 특히 교대는 초등학교 선생님을 목표로 하는 학생들이 진학한 만큼, 초등 아이의 학습 코칭에 더 적합할 수 있습니다.

마지막 네 번째는 '지속성'입니다. 아이가 정말 마음에 드는 선생님을 찾고, 한두 달 정도 학습 코칭을 받다가 갑자기 선생님이 군대에 가야 하거나 다른 일이 생겨 학습 코칭이 중단된다면 아이도 부모님도 당황하게 됩니다. 그렇기에 선생님을 구할 때는 지속성 확인이 필요합니다. 부모님이 학습 코칭 선생님과 상담하는 과정에서 혹시 앞으로 입대나 재수, 반수 또는 취업 등 변동될 만한 상황이 있는지 체크해 보시길 권해드립니다.

학습 코칭을 하는 대학생 선생님도 워낙 다양하고, 아이에게 100% 맞는 선생님을 찾기가 쉽지만은 않을 것입니다. 아이와 잘 맞고 좋은 선생님을 만날 확률을 높이기 위해 위에 말씀드린 네 가지 사항을 고려해 보실 것을 권합니다.

물론 학습 코칭을 필수로 해야 하는 것은 아닙니다. 다만 아이가 공부 습관이 잘 잡혀 있지 않고, 부모님의 말씀을 잔소리로만 받아들여 고민이라면, 학습 코칭이라는 방법을 활용해 보셔도 좋겠습니다.

part 2

의대생의 초등 생활 원칙

초등 시기에는 공부 외에 다양한 분야를 경험해 보는 것이 중요합니다. 또한 중고등학교에 진학하여 본격적으로 공부에 집중하기 위해서는 초등 시기에 공부 습관의 토대가 되는 올바른 생활 습관을 만들어 놓는 것이 필요합니다. 초등 시기 생활 습관을 바르게 잡기위한 몇 가지 팁을 정리했습니다. 이와 함께 아이들의 정서적 안정에 중요한 요소인 부모와 자녀의 좋은 관계 맺기를 위한 소통 노하우도 공유합니다.

초등 생활,

공부보다 먼저 해야 할 것들

초등 6년은 공부 외 다른 요소를 채워 나가는 시간입니다

보통 대학 입시에는 고등학교 내신이나 수능 성적이 반영됩니다. 하지만 고등학교 때의 기본기는 중학교 때 완성되고, 중학교 때의 기본기는 초등학교 때 익혀야 합니다. 그러니 대학 입시는 초중고 12년이 반영되는 긴 과정이라 할 수 있습니다. 이 점을 생각한다면 부모님들이 아이 교육의 방향성을 잡기가 훨씬 쉬워질 것입니다. 그렇다면 대학 입시가 초중고 12년을 반영한다는 사실은 우리에게 어떤 메시지를 던져주고 있는 걸까요? 그 내용을 정리해 보도록 하겠습니다.

첫 번째는 '초등 시기에 너무 많은 힘을 빼면 안 된다'는 점입니다. 초등, 중등 시기에 성적이 잘 나오다가 고등학교에 가서 급격히 성적이 떨어지는 친구들이 간혹 있습니다. 이 친구들을 상담해 보면, 초중등 시기에 학원에 많이 다녀 이미 지쳐 버렸거나 너무 많은 시간을 공부에 투자해 공부에 흥미를 잃게 된 경우가 정말 많았습니다. 공부를 그저 해야만 하는 것으로 인식하니 새롭게 배우는 것에도 큰 흥미를 느끼지 못하고 정작 가장 중요한 고등 시기에 무너지는 일이 벌어지는 겁니다.

초등 시기에 기본기를 잡는 것은 중요합니다. 하지만 대학 입시는 초중고 12년 동안의 긴 싸움인 만큼 더 중요한 건 아이가 12년 동안 쓸 힘을 어떻게 잘 분배하느냐입니다. 어쩌면 가장 중요한 요소라고 할 수 있습니다. 초등, 중등 시기에 공부에 너무 많은 시간과 에너지를 투자한 아이는 오히려 고등학교에 가서 원동력을 잃고 더는 쓸 힘이 남아 있지 않을 수 있습니다. 우리가 가장 힘을 주어야 할 시기는 고등, 더 넓히자면 중고등입니다. 그러니 초등 시기에는 아이의 공부도 중요하지만, 아이가 공부 이외에 다양한 경험을 쌓으며 힘을 모아 둘 수 있도록 해 주시는 것이 좋습니다. 그것이 중고등 시기에 더 큰 힘을 발휘하는 원동력이 될 것입니다.

두 번째는 '초등 시기에만 할 수 있는 것이 있다'는 사실입니다. 대학 입시가 초중고 12년의 결과라는 말은 결국 12년 동안 하는 모든 것이 대학 입시에 반영된다는 의미이기도 합니다. 대학 입시의 대표 전형 중 하나인 학생부종합전형은 '학교생활기록부'가 반영되는 전형입니다. 이 학교생활기록부에는 과목별 성적뿐만 아니라 리더십, 인성 같은 태도 영역과 예체능, 독서와 같은 부수적인 능력까지도 반영됩니다. 중고등 시기에는 이러한 요소 중 '성적'이 가장 핵심이 됩니다. 그렇다면, 대학에 반영되는 생활기록부의 중요 요소인 리더십, 인성 같은 태도 영역이나 예체능, 독서 같은 부수적인 능력은 언제 기를 수 있을까요? 바로 지금, 초등 시기입니다.

다양한 분야의 책을 읽으며 독서 수준을 높이고, 다양한 분야의 경험을 통해 예체능 실력을 기르고, 여러 대회에 참가해 경험을 쌓고, 학급 임원으로 활동하며 리더십 요소를 기를 수 있는 최적의 시기가 바로 초등 시기입니다.

초중고 12년 가운데 중고등 시기는 아무래도 공부에 더욱더 치우칠 수밖에 없습니다. 중고등 6년은 '공부'라는 요소를 신경 쓰는 시기인 만큼, 나머지 6년을 차지하는 초등 시기는 공부보다 다른 요소를 채워나갈 수 있도록 부모님이 좀 더 신경 써 주셨으면 하는 바람입니다.

저 또한 초등학생 때 열심히 공부했지만 무리하지 않았습니다. 다른 아이들이 하는 만큼 최소한의 선에서 공부했습니다. 그 덕분에 중고등 시기에도 지치지 않고 끝까지 최선을 다할 수 있었다고 생각합니다.

서점이나 도서관과
가까워지도록 해 주세요

초등 아이를 둔 학부모님들이 아이에게 심어 주어야 할 것 중 하나는 '공부 정서'입니다. 이미 들어보신 분들이 많겠지만, 공부 정서는 아이가 공부에 거부감이 없고 공부 자체를 즐겁고 긍정적인 것으로 생각하는 마음을 뜻합니다. 이러한 공부 정서를 키우는 활동에는 공부와 관련된 장소와 친해지는 것도 포함됩니다. 그 대표적인 곳이 바로 '서점'과 '도서관'입니다.

저는 초등 시절 서점과 도서관에 긍정적인 감정을 가지고 있었습니다. 지금도 여전히 두 장소를 좋아합니다. 하지만 저도 처음부터 좋아하지는 않았습니다. 언뜻 생각해도 초등 아이들에게 두 공간은 따분하고 조용한 곳이라 좋아하기가 쉽지 않아 보입니다. 어떻게 제가 이곳들과 친해지게 되었을까 돌이켜 생각해 보니, 어머니와 함께 서점이나 도서관에 가는 날이면 늘 저를 설레게 하는 것들이 함께 있었다는 사실이 떠올랐습니다. 그런 설렘이 저를 서점, 도서관과 한층 더 가깝게 만들어 준 셈입니다.

먼저, 서점에 갈 때입니다. 서점에 갈 때는 보통 문제집을 구매할 목적으로 갔습니다. 하지만 어머니는 항상 문제집만이 아니라 제가 읽고 싶던 만화책도 함께 사주셨습니다. 사실 문제집만 사러 간다면 가고 싶지 않았을 수도 있습니다. 하지만 새로 나온 만화책을 함께 구경하고 사러 간다는 생각에 거부감 없이 가벼운 마음으로 따라갈 수 있었습니다.

또 서점에 가는 날에는 영화관에 가는 경우가 많았습니다. 저는 어렸을 때부터 애니메이션이나 영화 보는 것을 정말 좋아했습니다. 대부분 서점에 가기 전 영화를 보러 가거나, 서점에 다녀온 후 영화를 보러 가는 경험을 많이 했기에 문제집을 구매할 목적으로 서점을 가더라도 늘 내가 좋아하는 영화를 본다는 생각이 함께 있었습니다. 그러면서 자연스레 서점을 친근하게 받아들였습니다.

다음으로 도서관에 가는 때입니다. 초등 시기에 저는 도서관 가는 것을 좋아했습니다. 주로 시험을 앞두고 공부하거나 학원 숙제를 하거나 그냥 책을 읽을 목적으로도 도서관에 가곤 했습니다. 도서관에 가는 시간은 어머니와의 재밌는 데이트 시간이기도 했습니다. 도서관에 가는 방법부터 평소 학교, 학원에 가는 길과 달랐습니다. 평소에는 부모님 차를 타고 다녔다면 도서관에 갈 때는 어머니, 형과 함께 20~30분 정도 자전거를 타고 갔습니다. 그렇게 도서관에서 가서 공부하는 제 옆에 어머니가 책도 읽고 제 문제집을 채점하기도 했던 기억이 지금도 따뜻한 추억으로 남아 있습니다.

도서관 가는 날은 외식하거나, 평소 제가 먹고 싶던 음식을 어머니가 해 주시는 날이기도 했습니다. 도서관에 다녀오면 늘 먹고 싶었던 특별한 음식을 먹었기에 도서관 가는 일이 더 즐겁게 다가왔는지도 모릅니다. 한 가지 더, 도서관에 가면 제가 좋아하는 만화책을 마음껏 빌려 올 수 있다는 것도 정말 좋은 점 중 하나였습니다.

제 개인적인 경험을 많이 이야기하게 되었습니다. 제가 하고 싶은 이야기는 초등 시기에는 만화책이든, 외식이든, 영화관이든 아이가 평소 좋아하는 것들을 활용해 서점, 도서관과 가까워지게 하는 것 자체가 중요하다는 것입니다. 저 역시 이런 것들을 매개로 서점, 도서관과 좀 더 쉽게 친해질 수 있었습니다.

혹시 아이가 아직 서점, 도서관과 친하지 않다면, 초반에는 이런 방법들을 활용해 아이와 함께 방문해 보세요. 몇 번 반복하다 보면 자연스레 아이도 습관처럼 서점과 도서관에 가게 될 것이고, 이는 아이의 공부 정서 향상에도 도움을 줄 것입니다.

예체능을 해 두면
세 가지 장점이 있습니다

초등 시기에는 예체능 경험을 많이 쌓는 것이 좋습니다. 제 초등 시절을 돌이켜 보아도 피아노, 미술뿐만 아니라 태권도, 야구, 탁구, 테니스 등 다양한 예체능 활동을 해 볼 기회가 많았습니다. 이는 활기찬 정서를 만들어 주었을 뿐 아니라 중고등학교 때 예체능 수업 시간에도 큰 도움이 되었습니다. 물론, 예체능 활동을 할 때도 부모님은 제 의사를 존중해 주셨습니다. 항상 제게 선택지를 주셨고, 저는 그중 하고 싶은 것을 선택하여 할 수 있었습니다.

그렇다 보니 어떨 때는 짧게 하고 끝낸 경우도 있습니다. 초등 1학년 때 몇 개월 동안 잠깐 미술 학원에 다녔는데, 사실 미술에 큰 흥미와 재능이 없었던 저는 바로 학원을 그만두었습니다. 음악의 경우는 초등학교 저학년 때 1년 정도 피아노를 배운 적이 있고, 중학교 올라가서 기타를 배우기도 했습니다.

85

예체능 중 제가 가장 좋아하고 많이 했던 건 체육 활동이었습니다. 어릴 때부터 축구, 야구 경기 보는 것을 좋아했고, 초등 1학년부터 3학년까지는 동네 야구단에 소속되어 야구를 하기도 했습니다. 7살 때부터 초등 3학년까지는 태권도를 열심히 해 3품까지 취득하기도 했습니다. 초등 저학년 때는 배드민턴을 좋아하다가 고학년 때는 탁구와 테니스에 빠져 개인 지도까지 받으며 배우기도 했습니다. 정말 초등 시기에 해 볼 수 있는 체육 활동은 다 해 보았던 것 같습니다. 그만큼 부모님이 제가 하고 싶은 것들에 대해 아낌없이 지원해 주셨기 때문에 가능한 일이었고, 이때 예체능을 다양하게 접했던 경험은 이후 중고등 시기까지 큰 도움이 되었습니다.

여기서는 초등 시기 예체능을 해 두면 좋은 점을 세 가지로 정리해 말씀드리려고 합니다.

첫 번째로, 건전한 취미를 가질 수 있습니다. 중고등 시기에는 공부 압박에 사춘기까지 겹치면서 학교생활에 스트레스가 많아집니다. 특히 고등학교에 가면 휴식 시간이 많지 않은 만큼 짧은 휴식 시간을 어떻게 활용하는지가 중요합니다. 이때 예체능 분야에서 흥미 있고 좋아하는 건전한 취미가 있다면 스트레스를 현명하게 해소할 수 있습니다. 미술, 음악도 좋지만 특히 체육 분야에서 한 가지 이상 취미를 가질 것을 추천합니다. 체육만큼 재미와 건강을 동시에 주는 좋은 활동은 없습니다.

두 번째로, 중고등 수업 시간에 도움이 됩니다. 중학교와 고등학교에는 미술, 체육, 음악 등 각 과목별로 예체능 수업이 있고 이는 모든 학생이 필수로 듣게 됩니다. 물론 초등 시기에도 미술, 체육, 음악 수업이 있지만, 중고등 예체능은 '시험'을 보기도 하고, 성적에 반영되기도 합니다. 특히 고등학교 예체능은 생활기록부에 기재되는 만큼 잘해 두면 입시에 도움이 되기도 합니다. 이럴 때 초등 시기 예체능 경험이 있다면 처음 접하는 학생들보다 훨씬 더 편하게 참여할 수 있을 겁니다.

예를 들어, 저는 초등학교 때 탁구에 푹 빠져 지내보았기에 이미 경기 규칙이나 세부적인 방법들을 잘 알고 있었습니다. 중학교 체육 시간에 한 학기 동안 탁구 수업을 했는데, 저는 이론 공부에 시간을 따로 투자할 필요가 없었고 탁구 경기 수행 평가에서도 조장을 맡아 좀 더 적극적으로 친구들을 이끌 수 있었습니다.

세 번째로, 예체능을 통해 다른 친구들과 차별화되는 나만의 강점을 만들 수 있습니다. 의대를 지망하는 학생이라고 해서 수학, 과학만 잘하는 시대는 지났습니다. 다 옛말입니다. 의대를 지망하는 학생 중 이미 수학, 과학을 잘하는 학생들은 너무나도 많습니다. 결국 수학, 과학 이외의 것에서 두각을 드러내는 것이 다른 학생들과 차별화되는 방법입니다. 그 방법 중 하나가 바로 예체능입니다.

실제로 제가 다니고 있는 중앙대 의대에서도, 수시 전형인 다빈치형인재전형의 평가 요소 중 '통합 역량'이 무려 20%를 차지했습니다. 중앙대는 이 통합 역량에 대해 '경험의 다양성과 깊이, 예체능 활동의 성과를 통해 융합적 사고 능력을 평가한다.'라는 평가 기준을 명시하고 있습니다. 이렇게 의대 입시 평가 기준에도 '예체능'을 분명히 언급할 정도로 요즘에는 통합 역량이 중요해졌습니다.

　이러한 관점에서도, 초등 시기에 예체능을 다양하게 경험하고 자신에게 맞는 활동을 찾아 강점으로 만들어 두는 것이 필요합니다. 이는 건전한 취미 생활로 스트레스를 해소해 줄 뿐만 아니라 추후 중고등학교 진학 후, 나아가 입시에도 긍정적인 영향을 줄 수 있습니다.

저는 초등학생 때부터 반장을 맡거나, 경연이나 대회에 나가는 것을 좋아했습니다. 기본적으로 적극적인 성격이었는데, 이러한 적극성이 중고등학교 생활, 나아가 의대 입시에도 도움이 되었습니다.

학교생활에 있어서 '적극성'을 가지는 것은 큰 장점 중 하나로 작용합니다. 소극적인 성격으로 발표에 참여하지 않고 조용히 공부만 하는 학생보다, 공부도 열심히 하면서 다양한 활동에 적극적으로 참여하는 학생이 더 좋은 평가를 받습니다.

물론 타고나길 내향적이고 소극적인 사람도 있습니다. 최근 성격을 말할 때 MBTI를 많이 언급하는데, 그중 E와 I의 차이가 성격이 외향인지 내향인지를 보여줍니다. E가 외향, I가 내향이죠. 이렇게 원래 타고나기를 외향적인 사람, 내향적인 사람이 정해져 있을지도 모르겠습니다. 하지만 그렇다고 해도 초등학교 때는 다양한 경험을 통

89

해 적극성을 발휘할 기회를 자주 접하는 것이 좋습니다. 경험을 통해 배우고 성장해 가는 시기이기에 좀 더 나은 학교생활을 해 나가는 데 이러한 기회가 많은 도움이 됩니다.

특히 중고등학교에 진학하면 학급 친구들 앞에서 발표해야 할 일도 많아집니다. 이뿐만 아니라 각종 프로젝트나 활동에 참여하면서 열심히 학교생활을 해야 대학 입시에도 그런 활동이 반영되어 좀 더 좋은 평가를 받을 수 있습니다.

실제로 제가 합격한 중앙대학교의 다빈치형인재전형 평가에서는 총 다섯 개의 평가 항목 중 '발전 가능성'이 20%, '인성'이 20%를 차지합니다. 구체적인 내용을 보면 발전 가능성은 '자기 주도성과 리더십'을, 인성은 '봉사 활동 경험과 질적 우수성, 그리고 협력 활동 및 팀워크'를 평가한다고 적혀 있습니다. 이렇듯 의대 입시도 리더십, 협력 활동, 봉사 활동, 자기 주도성 등을 평가 요소로 명시하고 있으며, 그 비율이 무려 40%입니다. 성적을 반영하는 학업 역량이 20%인 점을 고려하면 정말 큰 비중입니다.

이러한 리더십이나 자기 주도성과 같은 역량은 역시 '적극적인 성격'이 뒷받침되어야 좀 더 많은 활동을 통해 대학 입시 평가에서 능력을 드러낼 수 있습니다. 그렇다면 어떻게 아이가 적극성을 발휘하도록 자연스럽게 이끌어 줄 수 있을까요?

우선 첫 번째는 아이가 학급에서 반장, 부반장 같은 임원을 경험해 볼 수 있게 옆에서 함께 도와주는 것입니다. 나중에 중고등학교에 가서도 리더십을 가장 잘 드러낼 방법이 반장, 부반장 등 학급 또는 학교 내의 임원을 맡는 것입니다. 모두 그런 것은 아니지만, 보통 초등 때 이러한 경험을 해 본 친구들이 중학교, 고등학교 때도 자연스럽게 반장, 부반장을 맡는 경우가 많은 편입니다.

　먼저 아이가 반장, 부반장을 해 볼 수 있도록 권유해 주세요. 이후 공약을 어떻게 만들지, 어떻게 아이들 앞에서 발표하면 좋을지도 함께 고민하며 준비 과정을 도와주는 것이 좋습니다. 아이가 설령 반장, 부반장 선거에서 떨어지더라도 괜찮습니다. 본인이 그러한 자리에 도전하고 학급 친구들 앞에서 공약을 발표해 보는 그 경험 자체가 중요합니다.

　두 번째는 다양한 대회에 참여하도록 독려하는 것입니다. 요즘은 교내 대회뿐만 아니라 외부에서 진행하는 토론 대회, 스피치 대회, 그림 그리기 대회 등 초등 아이가 관심을 가질 만한 다양한 대회가 열립니다. 이러한 대회 정보를 부모님이 미리 찾아보시고, 아이가 해 볼 만한 대회가 있다면 적극 권유하면서 다양한 경험을 쌓게 하는 것을 추천합니다. 저 역시 토론, 스피치, 그림 그리기 대회 등에 나간 경험이 있고, 이러한 경험이 나중에 중학교, 고등학교에 진학 후 과목별로 수행 평가를 할 때 도움이 되기도 하였습니다.

세 번째는 사소한 일이라도 꾸준히 아이가 참여할 수 있도록 하는 것입니다. 적극성은 결국 꾸준함이 쌓이는 것에서 드러납니다. 꾸준함이 쌓여 본인은 자연스레 하게 되는 행동이지만, 남들이 봤을 때는 그 행동이 적극성을 가진 것으로 보이게 되는 것이죠. 그래서 저는 주로 초등 시기에 '기부'와 '봉사' 경험을 꾸준히 쌓기를 권합니다. 기부는 부모님과 함께 일정한 금액을 매달 기부해도 좋고, 아니면 뜨개질로 목도리나 장갑을 만들어 기부하는 형태도 좋습니다. 그리고 봉사 활동 역시 '쓰레기 줍기'처럼 부모님과 함께해 볼 수 있는 활동을 꾸준히 하면서 아이가 적극성을 가질 수 있도록 도움을 주시면 좋겠습니다.

이러한 세 가지 방법 이외에도, 아이가 관심 두는 캠프에 참여하게 하거나 태권도, 합기도처럼 많은 또래 친구와 어울리는 형태의 운동을 하는 것도 적극성을 발휘하는 면에서 도움이 될 것입니다.

게임 문제에 대한 세 가지 조언

초등 부모님들을 대상으로 상담을 하면, 다양한 고민 중에도 정말 자주 나오는 고민 이야기가 있습니다. 바로 '게임'에 대한 이야기입니다. 아이가 게임을 지나치게 많이 해서 어떤 식으로 조절해 주어야 하는지 물어보시는 경우가 많습니다.

먼저 솔직히 말씀드리면, 저는 초중고 내내 게임을 해 왔습니다. 제가 의대에 합격했다고 하면 당연히 게임과는 거리가 먼 생활을 했을 것이라고 생각하시는 분들이 많습니다. 하지만 저 역시 게임을 즐겼고, 이는 고 3 때까지도 마찬가지였습니다. 다만 게임이 공부에 방해가 되지 않도록 조절을 해 왔기에 게임을 하는 것이 큰 문제가 되지 않았습니다.

저의 경우 게임으로 인해 공부나 학교생활에 방해가 된 적이 없었으나, 만약 게임 때문에 숙제를 안 하거나 공부에 방해가 되는 일이 생긴다면 당연히 문제가 되겠지요. 여기서는 아이들의 게임 문제로 고민하시는 부모님들을 위해 도움이 될 만한 세 가지 방법을 말씀드리려고 합니다.

(1) 게임은 하루에 해야 할 모든 공부가 끝나면 할 수 있게 해 주세요

: 앞서 말씀드린 것처럼 게임이 아이의 공부에 방해가 되어서는 안 됩니다. 그러니 아이가 계속 게임을 하더라도 아이와 약속 하나를 정확하게 해 두시는 게 좋습니다. 아이가 하루에 해야 할 모든 공부를 끝낸 후 게임을 할 수 있게 허락해 주시는 겁니다. 이렇게 하면 게임을 해도 공부에 방해가 되지 않고, 아이는 공부를 다 끝내고 게임을 할 수 있다는 목표가 생겨 공부에 더 집중하게 됩니다. 또한 하루에 해야 할 공부 분량을 빠르게 끝낼 동기 부여가 되기도 합니다.

(2) 게임하는 시간을 조금씩 줄일 수 있도록 해 주세요

: 부모님 중에는 아이가 게임을 많이 하면, 게임을 바로 끊게 하겠다는 마음이 앞서 컴퓨터를 없애는 등 극단적인 대응을 하는 분들도 있습니다. 정말 마음 같아서는 아이가 게임을 아예 하지 않는 것이 좋겠지만, 아이 본인의 의지가 아닌 이상 아예 금지 시키는 것은 반발심만 부추기게 됩니다. 저는 적절한 시간 동안 게임을 하는 것은 아이의 정서에 도움이 되는 부분도 있다고 생각합니다. 그래서 아이가 게임을 하는 시간

을 '조금씩' 줄일 수 있도록 가정에서 부모님이 지도해 주시는 것이 필요하다고 말씀드립니다.

여기에서 '조금씩'은 예를 들어 한 달에 15분씩 게임 하는 시간을 줄여 가는 방식입니다. 만약 원래 하루 2시간 게임을 하던 아이라면, 이번 한 달은 게임 시간을 하루 1시간 45분으로 줄이기로, 그다음 달은 1시간 30분으로 줄이기로 아이와 약속하는 것입니다. 이렇게 하면, 아이 입장에서도 조금씩 게임 하는 시간을 줄여 나가면서도 크게 체감이 안 되는 시간이라 거부감이 없고, 자연스럽게 줄여 나갈 수 있게 됩니다.

(3) 아이가 휴대폰과 컴퓨터 중 하나로만, 그리고 게임 종류도 한두 개만 할 수 있도록 제한해 주세요

: 초등 아이들이 게임을 하는 시간 자체가 늘게 되는 큰 이유 중 하나는 여러 종류의 게임을 하기 때문입니다. 휴대폰으로, 또 컴퓨터로 게임을 하고, 또 여러 종류의 게임을 하다 보니 한 게임당 30분씩만 해도 게임 여섯 개를 하면 3시간은 금방 가게 되는 것이죠. 그러니 우선 아이가 휴대폰과 컴퓨터 중 하나로만 게임을 할 수 있게끔 지도해 주시면 좋겠습니다. 그리고 둘 중 하나로 하더라도 게임 종류는 한두 개로만 제한을 해 주시는 것이 좋습니다.

나중에 중고등 시기까지 게임이 공부에 방해가 되거나 문제가 되게 하지 않기 위해서는 이 부분만큼은 부모님이 단호하게 짚고 넘어가 주셔

95

야 합니다. 게임을 갑자기 아예 못 하게 하는 건 불가능합니다. 아이들이 자연스레 게임에서 멀어지도록 해 주셔야 합니다. 아이들이 휴대폰과 컴퓨터 중 하나로만, 그리고 게임 종류도 한두 개만 할 수 있게 해 주신다면 게임을 하는 시간 역시 자연스레 줄어들게 될 것입니다.

아이의 스마트폰 사용 조절을 위한
세 가지 방법

요즘은 대부분 초등학생이 스마트폰을 가지고 있습니다. 스마트폰을 가지고 있지 않은 것이 오히려 눈에 띌 만큼 학생들의 필수품이 된 상황이죠.

스마트폰이 부모님이나 친구들과 연락하는 수단으로 활용되고 편리한 도구로만 쓰인다면야 좋겠지만 현실은 그렇지만은 않습니다. 지나치게 어린 시절부터 손에 쥐게 된 스마트폰 때문에 아이가 이를 조절하지 못하고 중독되거나 막상 공부에 집중해야 하는 때에 가장 큰 방해 요인이 되기도 합니다. 그렇기 때문에 초등 시기부터 스마트폰 사용 시간을 잘 조절할 줄 아는 능력을 키우는 것이 중요합니다.

저는 초등학교 고학년 때 처음으로 저만의 스마트폰이 생겼습니다. 스마트폰을 활용해 게임도 하고 영상을 시청하기도 했지만, 공

97

부에 방해가 되지 않는 선에서 스스로 조절하여 사용했습니다. 이때 부모님과 함께 사용 시간에 대해 약속하고 조절했던 것이 도움이 되었습니다. 스마트폰은 특히 성장기에 있는 어린 친구들의 건강에 영향을 미치고 이후 공부에도 방해가 될 수 있는 만큼, 초등 시기부터 아이들이 스마트폰 사용 시간을 조절할 수 있도록 도울 필요가 있습니다. 아래 세 가지 방법을 참고하여 가정에서 아이들을 잘 이끌어 주시면 좋겠습니다.

첫 번째 방법은 공부할 때는 스마트폰을 책상이 아닌 거실에 두는 것입니다. 아무리 스마트폰을 무음으로 해 두거나 전원을 꺼 두더라도, 혼자 공부하는 방에서는 공부하는 동안에도 스마트폰을 사용하고 싶은 마음을 느끼게 됩니다. 아무리 공부 의지를 다지는 아이라도 결과적으로 스마트폰 사용 시간을 조절하는 데 실패하기 쉽습니다. 그러니 아이가 공부할 때만큼은 스마트폰을 공부하는 공간이 아닌 부모님이 볼 수 있는 거실에 두도록 하는 것이 필요합니다. 공부하는 동안만큼은 아이가 스마트폰 자체를 눈앞에서 볼 수 없게 하는 것입니다. 이는 분명 아이의 공부 집중력을 높이는 데에도 도움을 줄 것입니다.

두 번째 방법은 아이가 집에 있는 동안에는 한 번에 30분 이상 스마트폰을 사용하지 않도록 하는 것입니다. 아이가 스마트폰을 가지고 있는 이상, 스마트폰 사용 자체를 막는 건 어려울 겁니다. 하지만 스마트폰을 장시간 사용하게 되면 정서적으로도 좋지 않고, 아이의 눈 건강에도 좋지 않은 영향을 줍니다. 그러니 30분 이상 연속으로 스마트폰을 사용하지 않도록 제한하는 것이 좋습니다.

여기에 한 가지 원칙을 더 추가할 수 있습니다. 아이가 30분 이상 스마트폰을 사용했다면 사용한 시간만큼 그 후로는 스마트폰을 사용하지 않기로 약속하는 것입니다.

마지막 세 번째 방법은 조금 어려울 수도 있습니다. 바로 부모님이 아이 앞에서 스마트폰 사용하는 모습을 보이지 않는 것입니다. 한 통계에 따르면, 아이가 집에서 휴대폰을 가장 많이 사용하는 시간이 밥을 먹은 후와 자기 전이라고 합니다. 이 시간에 부모님이 아이 앞에서 자연스레 스마트폰 사용하는 모습을 노출한다면, 아이도 똑같이 스마트폰을 자연스럽게 사용하게 될 가능성이 높습니다. 이 시간에 부모님과 함께 다른 활동을 할 수 있다면 자연스럽게 아이도 스마트폰을 사용하지 않게 될 것입니다.

예를 들어, 식사 후에 아이가 밥상 정리와 설거지를 도울 수 있게 습관을 들이거나 자기 전에 늘 30분씩 온 가족이 거실에서 책을 읽는 것도 좋은 방법입니다. 스마트폰을 대신할 수 있는 생활 루틴을 가족의 문화로 만든다면 가장 좋은 방법이 될 것입니다.

페널티는 역효과를 불러옵니다

초등 아이는 자라면서 크고 작은 잘못을 합니다. 부모님이 혼내실 만한 일도 자주 일어나지요. 그 과정에서 부모님들은 어떻게 하시나요? 요즘은 '그럴 수도 있지' 하며 내 아이를 먼저 감싸는 부모님도 많이 계시는 듯합니다. 하지만 아이가 잘못한 부분에 대해 부모님이 방관하며 그냥 두는 것은 옳지 않습니다. 잘못한 부분에 대해서는 확실히 단호하게 짚고 넘어가야 아이가 다음에 같은 실수를 반복하지 않게 됩니다.

반면 아이를 혼내고 난 후 잘못한 아이에게 페널티를 주는 것은 어떨까요? 표면적으로는 페널티를 주는 것이 아이에게 '잘못하면 벌을 받는다'라는 인식을 심어 주어 다음부터 같은 잘못을 저지르지 않을 것이라고 생각할 수도 있습니다. 하지만 이렇게 페널티를 주는 것은 생각만큼 효과적이지 않습니다.

어머님, 의대생은 초등 6년을 이렇게 보냅니다

아이에게 반발 심리만 남겨주기 쉬울뿐더러, 아이가 다음에 잘못하게 되었을 때 벌을 받지 않기 위해 거짓말을 하게 될 수도 있습니다. 만약 아이가 잘못을 반복하고 부모님이 계속해서 아이에게 페널티를 준다면, 쌓이고 쌓여 아이는 점점 부모님에게서 멀어질 수도 있습니다. 본인의 잘못을 숨기고자 더 심한 거짓말을 하거나 부모님과의 대화를 아예 줄일 가능성이 큽니다. 나중에 부모님이 아이가 거짓말했다는 사실을 알았을 때는 이미 부모님이 아이를 통제하지 못할 수준에 도달해 있을 수도 있습니다.

이렇듯 페널티를 주는 것은 아이가 다음에 또다시 잘못하는 상황이나 그냥 대화로 해결할 수 있는 상황에서도 아이가 벌을 피하고자 거짓말을 하거나 반발하게 만듭니다. 이는 아이와 부모님의 관계에 부정적인 영향을 줄 수밖에 없습니다.

초등 시기에 저도 잘못된 행동으로 부모님에게 혼난 경험이 많았습니다. 하지만 그걸로 부모님이 큰 벌을 주거나 페널티를 줬던 기억은 거의 없습니다. 부모님은 늘 제 잘못에 대해 말로 타이르셨던 것 같습니다. 지금 생각해 보면, 부모님의 인내심에 새삼 감사함을 느끼게 됩니다.

저는 부모님이 아이와 신뢰 속에 좋은 관계를 이어가기 위해서는 아이들을 혼내실 때 패널티를 사용하지 않아야 한다고 생각합니다. 그렇다면 아이가 크고 작은 잘못을 한 상황에서 부모님은 패널티 없이 어떻게 하는 것이 좋을까요? 다음의 세 단계 과정을 참고하시면 좋겠습니다.

　가장 첫 번째 단계는 아이에게 잘못한 부분에 대해 확실히 짚어 주는 것입니다. 아무리 작은 잘못이라도 아이가 고쳐야 할 부분이 있다면 부모님이 권위 있는 모습으로 단호하게 아이의 잘못에 관해 이야기해 주어야 합니다. 그래야 아이도 스스로 본인의 잘못을 인지할 수 있기 때문입니다. 만약 아이가 잘못한 상황에도 부모님이 내 아이라는 이유로 그냥 넘어간다면, 아이는 나중에 같은 잘못을 하더라도 자기 행동을 잘못으로 인정하지 않게 됩니다. 이는 결과적으로 아이에게 부정적인 영향을 줄 수 있습니다.

　두 번째 단계는 아이와 약속을 정하는 것입니다. 아이의 잘못을 이미 짚어 준 상황에서, 부모님이 아이에게 감정적으로 화를 내거나 벌을 준다고 해서 상황이 더 나아지지는 않습니다. 아이의 잘못을 확실히 짚고 아이가 그걸 인지했다면, 앞으로는 그런 잘못된 행동을 하지 않겠다는 약속 또는 규칙을 부모님과 정하는 것이 좋습니다.

　마지막 세 번째 단계는 규칙을 잘 지켰을 때는 칭찬해 주는 것입니다. 아이에게 벌을 주는 것은 역효과가 날 수 있지만, 아이에게 칭찬해 주는 것은 다소 과해도 괜찮습니다. 아이가 부모님과 함께 정한 규칙을 잘 지키고 조금씩 변화되는 모습을 보일 때 아이를 칭찬

하고 격려해 준다면 아이는 앞으로도 규칙을 더 잘 지키고자 노력하며 자연스레 올바른 태도를 만들어 갈 것입니다.

만약 아이가 규칙을 다시 어긴다면 어떻게 해야 할까요? 이때도 부모님이 화를 내거나 감정적으로 대응하실 필요는 없습니다. 그보다는 다시 처음으로 돌아가 아이에게 잘못을 확실히 짚어 주는 것이 중요합니다. 아이에게 왜 네가 한 행동이 잘못이고, 왜 그 행동을 하면 안 되는지 차분히 다시 이야기해 주시는 겁니다.

물론 부모님과 아이의 관계가 아니라, 성인이 살아가는 사회라면 잘못에 페널티가 필요합니다. 하지만 아이를 키우는 것은 결국 아이와의 관계를 쌓아 가는 과정이라고 생각합니다. 아이가 페널티에 익숙해지기보다 대화를 통해 확실히 잘못을 인식하고, 약속을 지키며 조금씩 변화해 갈 수 있도록 도와주시면 좋겠습니다.

아이의 회복탄력성을 길러 주는 세 가지 방법

초등 시기에는 시험에 대한 부담이 적습니다. 하지만 중학교에 올라가고 본격적으로 시험을 보면 부담감이 커지게 됩니다. 특히 열심히 공부했는데 막상 시험에서 자신이 기대한 만큼의 성적을 받지 못하면 큰 좌절을 겪기도 합니다. 문제는 이런 한 번의 좌절이 공부의 동력을 잃는 계기가 되기도 한다는 점입니다.

중고등학교에서는 지필 고사인 시험뿐만 아니라 각종 수행 평가나 교내 프로젝트를 통해서도 친구들과 경쟁하고, 점수로 평가받는 상황을 더 많이 맞닥뜨리게 됩니다. 결과가 마음에 들지 않을 때마다 매번 좌절하고 실망감을 느낀다면 어떻게 될까요.

우리는 실패를 겪더라도 다시 극복하고 원래의 안정적인 상태로 돌아올 수 있는 능력을 '회복탄력성'이라고 부릅니다. 실제 중고등 시기에 꾸준히 공부하며 좋은 성과를 거두고 대학 입시에서 원하는 목표를 이루기 위해서는 무엇보다 이 회복탄력성이 중요합니다.

회복탄력성을 기른다고 별도의 노력을 한 기억은 없지만, 저는 부모님과 함께 시간을 보내며 일상 속에서 자연스럽게 회복탄력성을 키운 것 같습니다. 그 덕분인지 중고등 시기에 시험에서 기대만큼 성적이 나오지 않아도 좌절하는 대신 상황을 긍정적으로 바라보고 제 약점을 보완해 나가기 위해 노력하며 나만의 실력을 완성해 나갔습니다.

회복탄력성을 기르기 위해 초등 아이들에게 어떤 것을 해줄 수 있을까요? 세 가지로 정리해 보았습니다.

첫 번째는 아이가 다양한 방법으로 스트레스를 다룰 수 있도록 부모님이 환경을 만들어 주는 것입니다. 회복탄력성은 스트레스를 얼마나 빠르게 잘 극복해 낼 수 있는지에 달려있습니다. 이때 아이가 스트레스를 다룰 방법을 가지고 있으면 도움이 됩니다.

이때 한 가지만이 아니라 여러 가지 해소 방법을 만들어 두는 것이 좋습니다. 예를 들어, 저 같은 경우는 스트레스를 받을 때 영화를 보거나, 탁구를 치거나, 맛집에 가서 맛있는 음식을 먹으며 스트레스를 풀었습니다. 이런 식으로 아이가 아이만의 스트레스 해소 방법을 찾을 수 있도록 초등 시기에 운동 등 다양한 취미 활동을 경험하게 해 주면 도움이 될 것입니다.

두 번째는 아이가 어떤 활동을 하든 부모님이 자주 칭찬해 주시는 것입니다. 결국은 아이 스스로 본인이 하는 것에 자신감을 가져야 실패를 경험하더라도 빠르게 다시 일어설 수 있습니다. 이는 공부든 운동이든 마찬가지입니다. 아이가 자신감을 느끼는 데에는 무엇보다 아이와 가장 가까운 주변인인 부모님의 칭찬과 격려가 힘이 됩니다. 그래야 아이는 본인이 하는 것에 더 확신을 가질 수 있게 됩니다. 자신의 장점을 누군가에게 인정받는 경험 또한 자신감으로 이어집니다. 그러니 아이가 무엇이라도 잘하고 있는 모습이 보이면, 칭찬을 해 주세요. 이때 칭찬은 꼭 말로 표현하여 해 주시는 것이 좋습니다.

세 번째는 '감사 일기 쓰기'입니다. 저는 초등학교 3학년 때 학교 선생님이 매주 한 번씩 감사 일기 쓰기를 과제로 내주셨고 그때 처음으로 감사 일기를 써 보게 되었습니다. 처음에는 부모님, 선생님, 친구들 등 평소 자주 보는 사람들에게 감사함을 담은 일기를 썼지만 점차 이웃 주민, 소방관, 청소부 등 다양한 사람들에게도 감사한 일을 찾아 일기로 표현할 수 있었습니다. 감사 일기 쓰기는 주어진 상황을 긍정적으로 바라보고, 그 속에서 새로운 해답을 찾아 나갈 수 있게 해 줍니다.

초등 시기 아이들이 매일 쓰는 일기 중 일주일에 한 번은 감사 일기가 있으면 좋겠습니다. 그날 일기엔 한 주 동안 있던 일 중 감사한 것 다섯 가지를 찾아 적습니다. 감사한 대상은 부모님이 될 수도 있고, 선생님, 친구들, 이웃 주민 등 누구나 될 수 있습니다. 나의 일상을 돌아보고 그 속에서 사소한 것에라도 감사한 마음을 갖는 것은 실패를 겪은 후 빠르게 회복할 수 있는 능력을 끌어낼 중요한 열쇠가 될 것입니다.

한 번의 실패를 겪었다고 해서 흔들리고 무너진다면 세상을 살아가기 어려울 것입니다. 성장은 실패를 바탕으로 자신이 부족한 점을 보완하고 발전해 나가는 과정에 이루어집니다. 이를 위해서는 회복 탄력성이 중요합니다. 아이들이 건강하게 실패를 극복할 수 있도록 아이들의 가장 가까이에 계시는 부모님들이 도움을 주시면 좋겠습니다.

자녀와 소통하는

부모님을 위한 팁

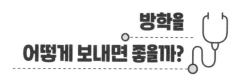

　초등생 학부모님들의 주요 고민거리 중 하나가 '어떻게 하면 방학을 잘 보낼 수 있을까'일 겁니다. 당장 아이가 학교에 가지 않고 하루 중 대부분을 집에서 지내는 한 달여 기간 동안 어떻게 하루하루를 잘 보낼지, 또 허투루 시간을 버리지 않고 의미 있게 보낼 수 있을지 고민이 되는 부분이 많으실 겁니다.

　저는 초등학교 방학 때 학기 중에 부족했던 공부를 보충하기도 했고, 학원에서 진행하는 특강을 듣기도 했습니다. 다만 지금 생각하면 아쉬운 부분이 있습니다. 방학 때 '여행을 더 많이 갈 걸'이라는 후회입니다. 밖에 돌아다니는 것보다는 집에 있거나 집 주변에서 취미 활동 하는 것을 좋아하는 성격 탓도 있지만, 다시 초등학생으로 돌아간다면 부모님께 말씀드려 가족 여행을 더 많이 가고 싶다는 생각이 먼저 들었습니다.

저의 초등학교 방학 생활을 떠올려 보며, 이번에는 방학 때 초등 아이가 하면 좋은 것들에 대해 정리해 보았습니다.

우선 첫 번째는 '여행'입니다. 초등 아이에게 학업보다 중요한 건 다양한 경험의 기회입니다. 아이가 중고등 시기에 접어들면, 함께 여행을 갈 시간적 여유가 줄어듭니다. 그리고 나중에 아이가 대학에 진학하면, 생활 공간도 멀어지고, 아이가 친구들과 보내는 시간이 더 많아지면서 가족 여행을 계획하기가 정말 쉽지 않습니다. 그러니 초등학교 방학 시기에는 국내든, 해외든 가족이 함께 여행을 다니면서 아이가 다양한 것들을 오감으로 즐기고 경험을 쌓을 수 있게 해 주시면 좋겠습니다.

두 번째는 '방과 후 교실'이나 주변 도서관, 체육 센터 등의 프로그램을 활용하는 것입니다. 방학 시즌이 되면, 초등 아이들을 대상으로 한 다양한 프로그램이 진행됩니다. 방과 후 교실에서는 한자, 컴퓨터, 주산 같은 학습을, 주변 도서관에서는 책 읽기, 독서 토론 프로그램을, 체육센터에서는 다양한 스포츠 프로그램 등을 활용해 볼 수 있습니다. 평소 해 보지 못했던 것 중 아이가 흥미 있어 하는 분야에 대한 경험으로 방학 프로그램을 활용한다면 좀 더 의미 있는 시간을 보낼 수 있을 것입니다.

세 번째는 '수학 심화 문제집 한 권 끝내기'입니다. 앞서 말씀드린 것처럼, 학원과 별도로 수학 심화 문제집을 혼자서 한 권 3회독 해 보는 경험은 중요합니다. 모르는 문제가 나와도 학원 선생님에게 의존하지 않고 혼자 생각하며 풀어볼 수 있고, 해설지를 보고 스스로 점검하며 자기 주도 학습을 해 볼 기회이기 때문입니다. 이렇게 심화 문제집을 한 권 새로 정하고 방학 동안 집중해서 풀면서 개학 전까지 다 끝내는 걸 목표로 공부를 해 보는 것도 방학을 의미 있게 보내는 하나의 방법이 될 수 있습니다.

네 번째는 '영어 일기 쓰기'입니다. 평소 아이가 어려워하거나 시간적 여유가 없어 못 했다면, 방학 동안 시도해 볼 수 있습니다. 아이가 영어 기초를 배웠거나, 배우고 있다면 충분히 도전해 볼 만합니다. 아이가 '영어 일기'를 써 볼 수 있도록 부모님이 격려하고 직접 지도해 주시는 것도 좋습니다.

영어 일기는 하루에 있었던 일을 바탕으로 하기에 비교적 쉬운 소재로 영작 연습을 해 볼 수 있다는 점에서 도움이 됩니다. 길지 않게 네다섯 줄 정도의 분량이라도, 매일 방학 동안 꾸준히 써 보게 한다면 방학을 잘 보내는 또 하나의 방법이 될 것입니다.

매일 일상을 기록해 보면 달라질 거예요

중고등 시기는 제게 정말 열심히 공부했던 시간으로 기억에 남아 있습니다. 의대 진학이라는 뚜렷한 목표가 있었기에 시험마다 최선을 다해 준비했고, 매일 습관처럼 공부했습니다. 공부만이 아니라 수행 평가 준비부터 각종 동아리, 대회 등 학교생활에도 적극적으로 참여했습니다. 그렇게 노력한 결과 원하던 의대에 진학할 수 있었습니다.

당시는 제게 공부가 중요한 시기였기에 다른 것들을 포기하고 공부에만 집중한 것이 자랑스럽고 뿌듯했습니다. 하지만 성인이 되고 대학에 다니며 중고등 시기를 다시 추억하고 되돌아 볼 때 딱 한 가지 아쉬운 점이 있었습니다. 중고등 시기, 특히 고등학교에 다닐 때 찍어 둔 사진이나 동영상이 거의 없다는 사실이었습니다. 그때의 모습을 보고 싶어도 남아 있는 기록이 거의 없었기 때문입니다.

그에 비해 초등 시기는 추억할 거리가 아주 많은 편입니다. 부모님과 다양한 곳을 다니며 함께 찍었던 사진과 동영상을 지금도 꺼내보며 자연스레 추억을 하나둘 떠올리곤 합니다.

제가 느낀 건 '기록의 중요성'입니다. 저는 아직 젊지만, 늘 시간이 너무나도 빠르게 흐른다고 느낍니다. 지금은 아이들이 너무 어리게만 보이지만, 하루하루 바쁘게 지나다 보면 어느새 중학교, 고등학교에 입학하고, 수능을 보고, 성인이 되어 독립하게 됩니다. 부모님이 아이들의 성장 과정을, 매일의 일상을 기록해 주신다면 나중에 부모님에게도, 아이들에게도 따뜻한 추억으로 남을 것입니다.

우선 일상적인 장면이어도 좋으니 '하루에 사진 한 장'은 꼭 남겨주시면 좋겠습니다. 오늘은 '그냥 한 장'이지만, 1년이면 365장, 6년이면 2,000장 가까이 되는 아이와의 소중한 추억이 남게 될 것입니다.

동영상도 좋습니다. 부모님과 초등 시기를 되돌아볼 때 사진들 사이에 동영상이 있으면 너무나 반갑고 소중하게 여겨졌습니다. 당시의 제 목소리, 그리고 부모님의 목소리를 직접 들을 수 있기 때문에 사진보다 더 큰 의미로 다가왔습니다. 그래서 번거로울 수 있으나 '매달 최소 한 개의 동영상'을 기록으로 남겨 주시면 좋겠습니다. 동영상 역시 꼭 특별한 걸 담을 필요는 없습니다. 휴대폰 카메라를 켜아이의 일상을 기록하는 정도도 좋습니다. 그것 자체만으로도 나중에는 정말 소중한 추억이 됩니다.

사진이나 동영상 외에도 기록의 방법이 있습니다. '하루 기록 노트'를 마련하여 부모님이 아이를 키우면서, 또는 일상에서 있었던 일들을 매일 서너 문장 정도로 짧게 기록해 보는 것입니다. 여기에 어떤 내용을 담는지는 중요하지 않습니다.

사실 집안일을 하고 또 직장을 다니며 아이와 함께 시간을 보내는 하루하루가 부모님에게는 무척 정신없이 지나가리라 생각됩니다. 그 속에서 작은 기록이 귀찮고 무의미해 보일 수도 있을 것입니다. 하지만 아이를 키우면서 바쁘게 지나가는 하루를 텍스트로 기록할 수 있다는 점, 그리고 노트에 적는 과정에서 오늘 하루를 되돌아보고 반성할 부분은 반성하고, 속상했던 일은 털어내며 더 나은 내일을 마주할 수 있다는 점에서 긍정적인 면이 있으리라 생각합니다. 모아 놓고 나면 정말 소중한 자산이 될 것입니다.

아이와 함께하는 시간을 사진으로, 동영상으로, 기록 노트로 남겨 보세요. 분명 오늘과는 다른 내일을 맞이할 좋은 동기 부여가 되리라 생각합니다.

아이만을 위한
고민 상담소를 열어 봅시다

초등 아이는 부모님과 함께 보내는 시간이 많습니다. 하교 후 학원에 다녀와도 집에서 보내는 시간이 꽤 깁니다. 하지만 그렇다 보니 오히려 부모님께 속마음을 털어놓을 기회를 놓치기도 합니다. 나름의 고민이 생겨도 언제 말해야 할지, 어떻게 말해야 할지 정확히 알지 못해 그냥 마음에 담아 두거나, 부모님께 표현하지 않는 것에 익숙해지기도 합니다.

초등 시기에는 괜찮더라도 중고등 시기가 되면 더 어려워질 수 있습니다. 부모님과 함께하는 시간이 줄어들면서 부모님에게 어떤 식으로 고민을 털어놓아야 할지, 이걸 말해도 될지, 괜히 부모님에게 짐이 되는 건 아닐지 하는 생각도 많아지고, 그러면서 그냥 넘어가 버리기도 합니다. 문제는 이런 부분들이 스트레스로 쌓여 학교생활과 학업에도 방해가 될 수 있다는 점입니다.

117

이런 문제를 미리 방지하고 좀 더 건강한 부모-자녀 관계를 만들어 가기 위한 방법으로, 저는 아이를 위한 정기적인 고민 상담 시간을 마련할 것을 제안합니다. 매달 딱 하루 특정한 날과 시간을 정해 두고, 아이와 함께 편하게 고민을 이야기하는 시간을 초등 시기부터 가져 보는 것입니다.

언제, 몇 시에 할지는 중요하지 않습니다. 대신 정확히 '매달 31일 밤 9시', 또는 '매달 7일 밤 10시' 이런 식으로 구체적인 날짜와 시간을 정해 두는 것이 좋습니다. 그리고 그 시간에는 반드시 부모님이 아이만을 위한 고민 상담소를 열어 주는 겁니다.

초등학생 때 저는 부모님과 이야기를 많이 나눴지만, 부모님과 정기적으로 고민 상담 시간을 가지지는 못했습니다. 하지만 부모님과 마음을 터놓고 이야기하는 시간 자체가 중요하다는 것은 잘 알고 있습니다.

고민 상담소를 진행할 때는 부모님이 먼저 갖고 있는 고민을 아이에게 이야기해 주시는 것이 중요합니다. 심각하고 무거운 고민을 아이에게 털어놓으시라는 이야기는 아닙니다. 아이가 자신의 고민을 털어놓는 걸 부담스러워하지 않게끔, 부모님이 먼저 가볍게 고민을 이야기하며 시작해 주시면 좋겠다는 의미입니다.

이렇게 초등 시기부터 매달 정기적으로 고민 나누는 시간을 가지고 1년, 2년 계속 쌓아 가다 보면 아이가 중학생, 고등학생이 되어서도 부모님과 고민을 공유하고 함께 해결해 나가는 건강한 관계를 만들 수 있을 것입니다. 이는 당연히 초등 시기에 부모님과 함께 고민을 나누었던 기억이 선명히 있어야 가능한 일입니다.

사춘기에 접어든 아이가 크고 작은 고민을 부모님과 공유하지 않는 것이 잘못된 일은 아닙니다. 아니, 너무나 당연한 일입니다. 하지만 고민이 생겼을 때 이를 좀 더 솔직하게 털어놓고, 때로 중요한 결정을 해야 할 상황에서 그 고민을 부모님과 공유하고 함께 이야기 나눌 수 있다면, 아이 스스로도 스트레스를 줄이고 사춘기를 좀 더 건강하게 보낼 수 있을 것입니다.

아이가 슬기롭게 중고등 시기를 보내고 부모님과 건강한 관계를 만들어 나가기 위한 준비 단계로 생각해 주셔도 좋겠습니다.

친구 관계로 고민하는 초등 아이를 돕는 두 가지 방법

초등 생활을 시작하면 본격적으로 다양한 또래 친구를 만나며 새로운 인간관계를 맺게 됩니다. 그 과정에서 아직 관계에 익숙하지 않은 초등 아이들은 친구 사귀는 데 어려움을 겪기도 하고, 친구와의 다툼이나 갈등으로 힘들어하기도 합니다.

초등 시기의 친구 관계는 학교생활에도 영향을 줍니다. 원만한 친구 관계를 만들어 가는 능력은 성장의 중요한 부분이기도 합니다. 그렇기 때문에 아이가 친구 관계로 고민하면 부모님들의 걱정도 커집니다. 친구가 없어서, 또는 친구와 마음이 안 맞아서 고민하는 초등 아이들을 위해 부모님이 어떻게 도움을 줄 수 있을까요? 다음 두 가지로 정리해 보았습니다.

첫 번째는 아이와 대화를 나누는 것입니다. 아이가 친구들과 원만한 관계를 맺고 있는지, 친구 관계로 고민은 없는지 살펴보기 위해서는 평소 아이와 자주 이야기를 나누며 소통하는 것이 중요합니다. 친한 친구가 누구인지 이름을 물어봐도 좋고, 특히 신학기 때는 요즘 친구 문제로 고민은 없는지, 힘든 일은 없는지 직접 물어보면서 아이의 고민을 들어주는 것이 좋습니다.

아이에게 친한 친구들이 많을 필요는 없지만, 최소한 두세 명 정도의 친한 친구는 있는 것이 아이의 학교생활에 도움이 됩니다. 특히 친한 친구들과 급식을 먹는 경우가 많고, 친한 친구들끼리 쉬는 시간, 점심시간을 함께 보내는 만큼 아이에게 두세 명 정도 친한 친구가 있는지 확인해 보는 것이 좋습니다.

두 번째는 아이가 '친구'에 대한 인식을 바꿀 수 있게 돕는 방법입니다. 초등 아이들은 같은 반에 있는 또래 아이들이 모두 자신의 '친구'라고 생각합니다. 그렇기에 같은 반에 있는 모든 아이와 친해지고 싶어 하고, 그 과정에서 친해지지 못하면 실망하거나 힘들어하기도 합니다. 하지만 같은 반에 있는 또래 아이라고 해서 모두 다 '친구'가 될 필요는 없습니다.

우리의 일상을 생각해 보면 좀 더 쉽게 이해할 수 있습니다. 직장 생활을 할 때 같은 회사에 다니고, 같은 부서에 속한다고 하여 모두 다 친하게 지내나요? 대학교에서도 같은 과라고 해서 몇십 명의 동기들과 모두 다 친하게 지내나요? 아닙니다. 같은 공간에서 함께 시

121

간을 보낸다고 해서 모두 다 친해질 필요는 없습니다. 초등학교도 마찬가지입니다. 같은 반 아이라고 해서 모두 친구가 될 필요는 없습니다. 그러니 마음에 안 맞는 아이와 억지로 친해질 필요는 없으며, 나와 마음이 맞는 아이와 친구가 되면 된다는 것을 아이에게 알려 주는 것이 중요합니다.

실제로 제 경우, 학급 친구 중 마음이 잘 맞지 않았던 친구와 다퉜던 일이 있었습니다. 그때 제 어머니가 비슷한 이야기를 해 주셨던 기억이 있습니다. 모두 다 친구가 될 필요는 없고, 마음에 맞는 아이들이랑 더 잘 지내면 된다고, 괜찮다고 말씀해 주셨습니다. 어린 시절이었지만 그 말은 제게 큰 힘이 되어 주었습니다. 괜히 불필요한 고민을 하지 않고 학교생활을 잘할 수 있게 되었습니다.

초등 시기에 친구 관계는 무척 중요한 부분을 차지합니다. 하지만 아이들이 친구 관계로 지나치게 힘들어하는 것도 좋지 않습니다. 이때는 아이가 너무 많이 고민하지 않도록 부모님이 옆에서 중심을 잘 잡고 도와주시면 좋겠습니다.

하교 후, 아이와 시간을 보내기 좋은 네 가지 활동

초등 시기에는 학교가 일찍 끝납니다. 하교 후에 아이가 학원에 가는 시간과 숙제하는 시간을 제외하더라도 여유 시간이 제법 있는 편입니다. 물론 아이 혼자서도 시간을 보낼 수 있겠지만, 대부분 스마트폰을 보거나 게임을 하는 것으로 보내기 쉽습니다. 이 시간을 부모님과 함께 즐겁게 보낼 수 있다면 아이의 정서도 안정되고 부모님과의 관계도 더 돈독해질 수 있을 것입니다.

초등 시기에 저도 하교 후 숙제를 하거나 학원에 다녀오는 시간 이외에는 부모님과 함께 탁구, 배드민턴 같은 운동도 하고, 보드게임도 하며 지냈습니다. 그리고 가족이 함께 영화를 보는 것도 좋아해 자주 즐겨 보았던 기억이 있습니다. 여기서는 하교 후 아이와 어떤 활동을 하며 시간을 보내면 좋을지 네 가지 활동을 정리해 보았습니다.

첫 번째는 운동입니다. 제가 가장 추천하는 활동이기도 합니다. 저녁 식사 후 아이와 산책하거나 동네 공원에 가서 시간을 보내는 것도 좋고, 야외에서 배드민턴을 치거나 탁구장에서 탁구를 치는 것도 좋습니다. 아이와 함께 운동을 하면, 아이는 그 시간만큼은 스마트폰과 멀어지고 건강한 생활 습관을 들일 수 있습니다. 특히 운동을 취미로 삼게 되면, 중고등학교에 진학하여 공부에 집중해야 할 때 체력 관리에 유용하게 활용할 수도 있습니다.

두 번째는 보드게임입니다. 보드게임은 대부분 초등학생이 좋아합니다. 방법이 어렵지 않아 참여하기도 쉬우며, 컴퓨터 게임이나 미디어 사용을 멈출 수 있다는 장점도 있습니다. 보드게임은 자체 비용도 저렴합니다. 적은 비용으로 긴 시간을 아이와 즐겁게 보내기에도 맞춤입니다. 저는 초등 시기에 〈인생게임〉, 〈아크로폴리스〉, 〈UNO〉, 〈할리갈리〉와 같은 보드게임을 즐겼습니다. 이외에도 다양한 보드게임이 있으니 취향에 맞게 골라 가족 모두 즐겁게 시간을 보내면 좋겠습니다.

세 번째는 영화 보기입니다. 책을 읽는 것도 물론 좋지만 영화도 초등 아이들에게는 간접 경험을 확장하는 훌륭한 도구가 됩니다. 영화를 보며 내가 겪어 보지 못한 다양한 상황을 간접적으로 경험해 볼 수 있으며, 특히 영화를 본 후 부모님과 함께 영화에 대해 이야기를 나누며 상상력과 사고력도 기를 수 있습니다. 요즘은 5~10분 길이의 짧은 유튜브 영상에 익숙해진 아이들이 2시간 정도 되는 분량의 영화를 집중해서 보는 것을 힘들어 하기도 합니다. 영화를 함께 보면 긴 콘텐츠를 집중해서 보는 힘도 기를 수 있습니다.

네 번째는 봉사 활동입니다. 저는 초등학생 때 부모님과 함께 집 주변 도서관이나 박물관에서 봉사 활동을 하면서 평소 해 보지 못했던 일들을 해 보고 다양한 사람을 만날 수 있었습니다. 어린 시절부터 봉사 활동을 경험한 아이는 타인을 배려하는 마음을 가질 수 있고, 인성 면에서도 도움이 됩니다. 특히 봉사 영역에 따라 다양한 분야를 직접 체험해 볼 수도 있고 새로운 지식이나 경험을 얻을 수도 있습니다.

처음에 봉사 활동은 부모님이 함께할 수 있는 가족 봉사의 형태로 시작하는 것이 좋습니다. 이후 적응이 되면 아이 혼자서 봉사 활동에 참여할 수 있도록 도움을 주셔도 좋겠습니다.

초등 시기, 여가 시간에 부모님이 아이와 함께 할 수 있는 활동을 소개했습니다. 중고등학교에 들어가면 부모님이 원하셔도 아이가 거절할 수 있습니다. 소중한 이 시기를 더욱 알차게 보내시면 좋겠습니다. 가족이 함께 보내는 즐거운 시간을 통해 아이는 스마트폰과 게임에서 멀어지고, 아이와 부모님 사이는 더욱 가까워지길 바랍니다.

아이는 부모님이 하라는 대로가 아니라 부모님이 하는 대로 합니다

아무리 좋은 일이라도 자발적으로 하는 게 아니라 누군가의 지시에 의해 하게 되면 왠지 모르게 하기 싫어집니다. 이는 아이도 마찬가지입니다. 물론 부모님 입장에서는 아이가 하면 정말 좋을 것들을 시키는 것이니 아이가 잘 따라 주면 좋겠지요. 하지만 마음처럼 되지 않는 경우가 생깁니다. 아이가 부모님의 지시대로 잘 따르지 않아 다툼이 생기기도 하고 서로 얼굴을 붉히기도 합니다.

언젠가 아이들의 심리를 다룬 한 영상을 보면서 알게 된 내용인데, 아이들은 '모방 심리'가 있다고 합니다. 아직 뚜렷한 자신만의 가치관이 잡혀 있지 않은 초등 시기 아이들은 다른 사람의 모습을 보며 그걸 따라 하려는 경향이 있으며, 특히 아이들은 자신과 가장 가깝고 함께 많은 시간을 보내는 부모님의 행동을 따라 하기 쉽다는 것이 주요 내용이었습니다.

어머님, 의대생은 초등 6년을 이렇게 보냅니다

결국 아이가 하길 바라는 행동이 있다면 말로 지시하는 것보다 그 행동을 어머님, 아버님이 먼저 앞장서서 보여 주시는 것이 더 효과적이라는 이야기입니다. 물론 실제 부모님 입장에서는 부담스럽고 말처럼 쉽지 않은 일일 수 있지요.

몇 가지 예를 들어 보겠습니다. 먼저 '독서'입니다. 앞서 강조했듯 초등 시기에 독서 습관을 들이는 것은 어떤 다른 공부보다 중요합니다. '책 좋아하는 아이'는 많은 부모님에게 '이상적인 아이'로 여겨지기도 합니다. 그러니 막상 내 아이가 책을 안 읽으려 하면 답답한 마음에 잔소리부터 나오기 쉽습니다. 이럴 때는 책을 읽으라고 잔소리하는 것보다 부모님이 먼저 아이 앞에서 책 읽는 모습을 보여주는 것이 좋습니다.

더 적극적으로는 아이에게 책을 읽어 주고, 또 함께 읽는 것입니다. 부모님이 직접 책을 읽으며 자연스레 아이가 책에 관심을 가질 수 있도록 이끌어 주는 것이 가장 효과적입니다. 제가 초등학생 때 자연스럽게 책 읽기를 좋아하게 된 이유도, 저녁 시간마다 부모님이 식사 후 책을 읽는 모습을 자주 볼 수 있었기 때문이 아니었나 싶습니다.

요즘은 의대를 포함하여 아이가 이공계열에 진학하길 바라는 부모님들이 늘면서 초등 시기부터 아이에게 수학, 과학 공부를 앞서 시키시는 부모님들이 많습니다. 부모님의 마음이 앞서 아이에게 갑자기 수학, 과학 공부를 하라고 하면 아이가 곧바로 흥미를 느끼고 공부할 수 있을까요?

이럴 때는 학습을 시키기보다 다른 방법을 써 보시는 게 좋습니다. 부모님이 아이를 데리고 과학관에 가서 아이가 직접 과학 체험을 할 수 있도록 해 주거나 수학 도형 모형을 구입하여 아이와 함께 직접 손으로 만지며 탐구하는 모습을 보여 주는 것입니다. 관련된 책을 사서 아이와 함께 읽어 보는 것도 좋은 방법입니다. 이런 과정에서 아이도 자연스럽게 따라 하고 흥미를 갖게 될 것입니다.

아이들의 휴대폰 사용 시간 조절도 마찬가지입니다. 식사 후 부모님이 아이들 앞에서 휴대폰을 사용하는 모습을 자주 보여주게 되면, 아이 역시 자연스레 휴대폰 사용 시간이 길어질 수밖에 없습니다. 더구나 요즘은 식당이나 공공장소에서 부모님이 아이에게 먼저 휴대폰을 보여 주는 경우가 많습니다. 이는 아이에게 휴대폰을 계속, 많이 사용해도 좋다는 신호를 보내는 것이나 마찬가지입니다.

그러니 아이 앞에서 부모님이 휴대폰 사용을 최소화하고, 아이와 있을 때는 차라리 함께 TV를 보거나 책을 읽으며 이야기를 나누는 것이 좋습니다. 장기적으로 아이와 소통을 늘리고 가까워질 수 있는 방법이기도 합니다.

아이는 '모방 심리'를 가지고 있다는 점을 기억해 주시면 좋겠습니다. 아이가 했으면 하는 것이 있는데 아이에게 권유하거나 지시해도 잘 듣지 않는다면, 부모님이 먼저 그러한 모습을 보여 주세요. 아이도 이내 부모님이 하는 대로 따라 하게 될 것입니다.

part 3

의대생의
초등 과목별 공부법

요즘은 초등부터 '선행'이 강조되는 모습을 볼 수 있습니다. 하지만 선행은 필수가 아닙니다. 중학생들을 가르쳐 보면 선행 여부와 상관없이 기본기가 잡혀 있지 않아 내신을 준비하는 데에 어려움을 겪는 아이들이 많습니다. 공부의 기본기를 잡고 공부하는 힘을 키워 줄 수 있는 초등 공부법을 과목별로 정리했습니다. 이는 실제로 제가 초등 시기에 했던 공부 방법과 중고등 시기 내내 좋은 성적을 유지해 왔던 의대생들의 인터뷰 중 초등 공부법 부분을 반영한 것입니다. 초등 공부의 방향성을 명확히 잡는 데 도움이 되길 바랍니다.

공부력을 키우는

초등 국어 공부 노하우

결국엔 독서가 가장 중요합니다

저는 초등학생 때 책 읽기를 좋아하는 아이였습니다. 그 배경을 생각해 보면, 어린 시절 어머니가 매일 밤 책을 읽어주셨던 영향이 크지 않았나 싶습니다. 그 시간은 지금까지도 제게 좋은 추억으로 남아있습니다.

시중에 정말 다양한 초등 국어 공부법 책이 나와 있습니다. 하지만 제가 초중고 12년을 지나고 의대에 입학 후 다양한 교육과 입시 관련 활동에 참여하면서 내린 결론은, 결국 초등 시기 국어 공부의 가장 기본이자 핵심은 '독서'라는 것입니다.

이미 독서의 중요성에 대해서는 많은 분들이 알고 계십니다. 그렇다면 독서를 어떤 식으로 지도해야 할지, 또 부모님이 어떻게 도움을 줄 수 있을지가 중요합니다. 여기서는 초등 국어에서 가장 중요한 독서의 두 가지 핵심 사항을 말씀드리고자 합니다.

135

첫 번째는 '문학책'과 '지식책'의 조화입니다. 초등 아이들이 흔히 읽는 이야기책이나 동화, 소설 같은 것이 문학책에 해당합니다. 지식책은 경제, 사회, 과학, 철학 등 전문 분야에 대한 지식을 전달하는 책입니다. 이러한 독서의 두 영역은 나중에 수능 국어의 핵심적인 두 축이 되는 '문학'과 '비문학' 파트로 이어집니다.

특히 최근 수능 국어에서 중요성이 강조되고 있는 비문학 영역은 경제, 사회, 과학, 철학 등 지식 전달 목적의 글을 읽고 문제를 푸는 형태로, 하루아침에 점수를 올리기가 쉽지 않은 영역입니다. 초등 시기부터 지식책에 대한 흥미를 잃지 않고 꾸준히 읽을 수 있도록 도와주는 것이 필요합니다.

책을 좋아하는 아이 중에도 문학책이나 지식책 중 어느 한쪽으로 쏠리는 독서를 하는 아이들이 있는데, 초등 시기에는 책 읽는 재미를 느끼는 것과 함께 '문학책'과 '지식책'을 균형 있게 읽도록 부모님이 살펴봐 주시는 것이 중요합니다.

학년으로 나눠 보면, 초등 1학년부터 4학년까지는 '교육용 만화'로 지식책을 접하는 것도 괜찮습니다. 요즘 지식책에 대한 중요성이 부각되면서 초등 1~4학년 아이들에게도 줄글로 된 과학책을 읽히는 학부모님이 많이 계십니다. 물론 그중 곧잘 읽는 아이들도 있을 것입니다. 하지만 아직 책에 대한 흥미를 느끼기도 전에 줄글로 된 지식책을 들이밀면 아이가 자칫 독서 자체에 흥미를 잃을 수도 있습니다. 열심히 읽는다 하더라도 내용을 받아들이는 데에 한계가 있을 수 있습니다. 이럴 때는 줄글 책만이 아니라 《내일은 실험왕》, 《내일은 발명왕》, 《수학 도둑》 같은 교육용 만화책도 열어 두고 함께 읽히며 아이가 자연스레 수학이나 과학에도 관심을 가지도록 하는 것이 좋습니다. 초등 5~6학년 시기부터는 청소년 대상 문학책과 지식책을 번갈아 읽게 하면서 아이가 줄글로 된 지식책도 읽을 수 있도록 이끌어 주는 것이 좋겠습니다.

두 번째는 부모님이 매일 밤 자기 전 30분 정도 아이에게 책을 읽어 주는 것입니다. 아이가 스스로 책을 읽는 시간도 필요하지만, 부모님이 읽어 주는 이 시간도 정말 중요합니다.

부모님이 책 읽어 주는 시간에는 아이가 스스로 읽을 수 있는 수준보다 한 단계 더 높은 수준의 책을 선택해 읽어 주시기를 권합니다. 이렇게 하면 부모님이 차분히 읽어 주시며 어려운 단어나 복잡한 맥락도 아이에게 설명해 주실 수 있고, 아이도 잘 이해되지 않는 부분을 그때그때 부모님께 물어볼 수 있어 아이의 독서 수준을 끌어올릴 수 있습니다. 이런 기회를 통해 아이가 혼자서는 읽지 못했을 책도 자연스럽게 읽을 수 있게 됩니다.

이때 아이의 경청 능력도 향상됩니다. 부모님이 책 읽어 주는 시간에는 엄마 아빠의 말을 주의 깊게 들어야 책의 흐름을 따라갈 수 있습니다. 이 때문에 아이는 그 어느 때보다 다른 사람의 말을 귀 기

137

울여 듣는 연습을 하게 됩니다. 또한 부모님과 아이가 책에 관해 대화를 나누다 보면, 자연스럽게 아이가 하나의 주제에 대해 골똘히 생각하고 의견을 표현하는 능력도 키울 수 있습니다.

무엇보다 중요한 건, 이 시간이 정서적으로 아이를 충만하게 해 준다는 사실입니다. 저 역시 어머니가 초등 시기에 매일 밤 책을 읽어 주셨던 기억이 정말 따뜻하고 소중한 추억으로 남아 있습니다.

일 때문에 바쁘신 어머님, 아버님도 많겠지만, 저녁에 잠깐이라도 시간을 내어 아이에게 직접 책을 읽어 주시길 바랍니다. 이렇게 쌓인 시간이 나중에 아이에게 교육적으로나 정서적으로나 큰 자산이 되리라는 점을 기억해 주시면 좋겠습니다.

글쓰기를 연습하는 5단계 과정

    초등 시기의 국어 공부는 국어에 대한 새로운 개념을 익히고 배우는 것보다 '독서'와 함께 '글쓰기'의 기본기를 탄탄하게 쌓는 것이 더 중요합니다.

    중학교, 고등학교에 진학하면 국어 과목뿐만 아니라 모든 과목에서 리포트나 과제를 제출해야 할 일들이 많습니다. 수행 평가도 많은 부분 글쓰기로 이루어지며, '서술형' 시험도 많아집니다. 특히 고등학교 내신 시험의 경우 상위권 등급을 가르는 요소 중 하나가 '서술형' 문제를 얼마나 잘 풀어내느냐인 만큼 글쓰기 능력이 더 중요해집니다.

    만약 글쓰기에 대한 기본기가 제대로 잡혀 있지 않다면 아무리 아는 것이 많아도 그걸 글로 표현하기가 어렵습니다. 아이가 가지고 있는 역량과 지식마저 과소평가받게 될 수도 있습니다.

저는 초등 저학년 때 꾸준히 일기를 썼습니다. 학교 숙제 때문이긴 했으나 독후감도 썼습니다. 그리고 초등 고학년 때는 역사 논술 학원에 다니며 다양한 주제로 글쓰기할 기회를 접했습니다.

물론 학원을 통해 일부 글쓰기를 연습하긴 했지만 확실히 말씀드릴 수 있는 건 꼭 학원을 통하지 않아도 글쓰기를 충분히 연습할 수 있다는 사실입니다. 저 역시 다시 초등 시기로 돌아간다면 굳이 사교육의 도움을 받지 않을 것입니다.

중고등학교 시기에는 학습과 관련한 글쓰기를 직접 경험하고, 의대 진학 후에는 학생들의 글쓰기 고민을 상담하며 이에 관한 생각을 정리할 수 있었습니다. 그 내용을 담은 '글쓰기 연습 5단계 과정'을 여기 소개합니다.

이를 아이들의 글쓰기 연습에 적용해 보시면 좋겠습니다. 부모님이 살짝만 끌어 주셔도 초등 시기 아이들의 글쓰기 능력을 키우는 데 충분히 도움이 되리라 생각합니다.

1단계. 일기 쓰기

: 아이와 같이 문구점에 가서 아이가 좋아하는 일기장을 하나 사 주세요. 학교에서 매일 쓰라고 하지 않더라도, 아이가 매일 밤 자기 전에 하루를 기록할 수 있게 옆에서 도움을 주시면 좋습니다.

일기를 쓰면 세 가지 좋은 점이 있습니다. 하나는 정해진 시간에 꾸준히 쓰는 만큼 성실성을 기를 수 있다는 것입니다. 두 번째는 차곡차곡 쌓이는 일기가 나중에 초등 시절을 추억할 수 있는 기록이 된다는 것입니다. 세 번째는 정해진 형식이 없기에 특별한 양식이나 길이에 구애받지 않고 아이가 깊이 생각할 필요 없이 하루에 벌어진 일과 감정을 기록할 수 있다는 것입니다. 이러한 세 가지 장점이 있어 일기 쓰기는 1단계 글쓰기에 적합합니다.

2단계. 독후감 쓰기

: 독후감 쓰기는 일기와 마찬가지로 형식의 제한이 없지만, 단순한 일상 기록이 아니라 책을 읽고 책에 대한 나의 생각을 적는다는 점에서 일기보다 한 단계 더 높은 글쓰기입니다. 독후감을 쓸 때는 책에서 인상 깊었던 장면과 그 이유, 이 책을 누구에게 추천해 주고 싶은지, 책을 읽고 어떤 생각을 하게 되었는지 등을 기본으로 담아서 최소 세 문장 이상 기록할 수 있게 도와주시면 좋습니다.

3단계. 육하원칙 글쓰기

: 3단계부터는 육하원칙이라는 형식이 생깁니다. 어떤 글을 쓰든 육하원칙이 포함된 글쓰기를 할 줄 알아야 이를 바탕으로 이후 더욱 발전된 논리적인 글쓰기를 할 수 있습니다. 육하원칙 글쓰기는 하루 동안 있었던 일에 대해서 육하원칙에 맞추어 총 여섯 문장으로 쓰는 것입니다.

141

형식에 맞추어야 하니 아이는 스스로 오늘 하루 있었던 일을 두고 내가 '왜' 이 일을 했지, '어떻게' 했지, '누구'와 했지 등을 떠올리게 되고, 이는 한층 더 발전된 글쓰기로 이어지게 됩니다.

4단계. 첫 문장만 제시해 주고, 다음 다섯 문장을 이어 쓰면서 하나의 이야기 완성하기

: 4단계는 글쓰기 능력과 함께 아이의 상상력, 사고력까지 기를 수 있는 연습입니다. 우선, 첫 문장은 부모님이 제시해 줍니다. 예를 들면, '민찬이가 마트에 콜라를 사러 갔는데, 콜라가 없었습니다', '민찬이가 학교에 우산을 안 가져갔는데, 하교할 때 갑자기 비가 쏟아지기 시작했습니다'처럼 첫 문장으로 상황을 제시해 주는 겁니다. 그런 후 아이가 상상하여 그다음 다섯 문장을 이어 쓰면서 '하나의 완결된 이야기'를 완성하는 것입니다.

5단계. 주어진 제시어에 대해 내 생각을 열 문장으로 완성하기

: 마지막 5단계는 첫 문장 없이 온전히 본인의 힘으로 열 문장의 글을 완성하는 연습입니다. 제시어는 '사랑', '행복', '두려움', '호기심' 등 다양한 것이 될 수 있습니다. 열 문장 쓰기는 해당 제시어에 관해 아이가 자기 생각을 풀어 쓰는 연습입니다. 처음에는 낯설어하고 어려워할 수 있습니다. 하지만 1~4단계 연습을 충분히 진행한 상황이라면 이내 5단계

도 어렵지 않게 완성할 수 있을 겁니다. 결과적으로 아이 스스로 10문장을 채우고 나면 글쓰기에 자신감을 보이기 시작할 겁니다. 중학교 진학을 앞두고 글쓰기 실력의 기본기를 완성하는 방법입니다.

이렇게 총 5단계의 글쓰기 연습은 한 번에 진행하는 것이 아닙니다. 일단 일기는 매일 꾸준히 5~10분씩 투자해서 씁니다. 독후감은 일주일에 한 개꼴로 꾸준히 쓰는 것을 추천합니다. 1, 2단계는 동시에 진행해 주셔도 됩니다. 3단계부터는 단계별로 진행합니다. 3단계와 4단계는 각각 최소 3~6개월 진행합니다. 3, 4단계 다음으로 5단계는 6개월~1년 정도 길게 연습합니다.

아이와 함께 5단계 글쓰기 연습을 시작해 보시길 바랍니다. 조금씩 꾸준히 하는 연습으로 글쓰기의 기본기를 다질 수 있습니다. 특히 3~5단계의 글쓰기는 초등 고학년 아이에게 적용하여 꾸준히 진행한다면 글쓰기 실력이 눈에 띄게 늘 뿐만 아니라 중고등 시기의 글쓰기도 무리 없이 잘 해낼 것입니다.

글쓰기 연습은 매일 밤 독서 시간 전, 30분씩 꾸준히 해 볼 것을 권합니다. 5단계 글쓰기 연습을 통해 초등 시기 글쓰기의 기본기를 탄탄히 쌓길 바랍니다.

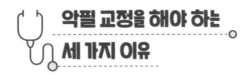

악필 교정을 해야 하는 세 가지 이유

초등 아이 중에 글씨체가 반듯하지 못하고 악필인 아이들이 있습니다. 저 역시 초등학교 2학년 때까지 글씨체가 바르지 않았습니다. 제가 쓴 독후감과 일기를 저 스스로 알아보기 어려울 정도로 악필이었습니다. 어머니가 권하셔서 초등학교 3학년 때 글씨체 교정책으로 교정한 후 조금씩 반듯한 글씨체를 갖게 되었습니다. 만약 여러분의 초등 자녀가 악필이라면, 꼭 초등 시기에 글씨체를 바르게 쓸 수 있도록 교정해 주셔야 합니다. 글씨를 또박또박 쓰는 것이 중고등학교 생활에서 생각보다 중요하기 때문입니다. 여기서는 악필을 교정해야 하는 이유를 세 가지로 정리했습니다.

(1) 학교 서술형 시험에서 감점을 피할 수 있습니다

악필을 교정해야 하는 첫 번째 이유는 바로 학교 '서술형' 시험에 있습니다. 중학교, 고등학교에서는 대부분 학교 내신 시험에 서술형 형태의 문제가 출제됩니다. 이 과정에서 글씨를 또박또박 적지 못하면, 자신이 쓰려고 했던 단어를 채점하는 선생님이 다른 단어로 오해하여 감점을 받을 수도 있습니다. 평소에는 글씨를 대충 적다가 서술형 문제를 풀 때만 의식적으로 천천히 또박또박 적는다고 해도, 평소 습관에서 나온 것이 아니다 보니 시간이 오래 걸리게 되어 다른 문제를 푸는 시간이 부족해질 수 있습니다.

(2) 수학 문제를 풀 때 실수를 줄일 수 있습니다

두 번째로 '수학 문제 풀이'가 있습니다. 수학 문제는 서술형 문제가 아니더라도 기본적으로 수식을 손으로 적으면서 문제를 푸는 것이 좋습니다. 초등 시기부터 글씨체를 제대로 잡아두지 않으면, 수학 문제를 풀 때도 본인이 쓴 숫자가 무엇인지를 문제 푸는 과정에서 헷갈리게 되어 그 때문에 실수할 수 있습니다. 식을 쓰면서 문제를 풀어야 하는 수학 문제 풀이 과정에서도 반듯한 글씨체가 도움이 됩니다.

(3) 필기나 수행 평가 등 학교생활에 도움이 됩니다

마지막 세 번째로 학교생활에 도움이 됩니다. 일단, 수업 시간에 빠르게 지나가는 선생님의 말씀을 교과서에 잘 필기하기 위해서는 빠르게 또박또박 쓰는 습관이 잡혀 있어야 합니다. 학교 수업뿐만 아니라 다양한 학교 활동과 수행 평가를 하는 과정에도 바른 글씨의 비중이 큽니다. 손 글씨로 포스터를 만들어 발표하거나, 독후감을 직접 손으로 적는 등 글씨를 또박또박 쓰는 것이 도움이 되는 부분이 꽤 많습니다.

그렇다면, 이러한 악필은 어떻게 교정할 수 있을까요? 바르게 글씨를 쓰기 위해서는 연습이 필요합니다. 저 역시 시중에 나와 있는 글씨 교정책을 활용해 글씨체를 교정했고 효과를 보았습니다. 시중 교재 중 2권을 추천하자면, 《하유정쌤의 초등 바른 글씨 트레이닝 북》(하유정), 《초등 바른 글씨 예쁜 글씨》(설은향)를 참고하셔도 좋습니다.

이런 교재는 '매일 꾸준히 조금씩' 연습하는 것이 중요합니다. 3~4주만 써 본다고 해서 좋아지는 것이 아니니 시간적 여유를 두고 다양한 글씨 교정책을 활용하여 매일 꾸준히 조금씩 연습하도록 해 주시면 좋겠습니다. 저 역시 5~6개월 정도 꾸준히 글씨 교정책을 활용한 후에야 제대로 교정할 수 있었습니다.

중학교에 진학한 이후에는 아이의 악필을 교정하기가 쉽지 않습니다. 만약 초등 아이가 글씨를 또박또박 쓰는 습관이 아직 잘 안 잡힌 상황이라면, 다른 국어 공부보다 우선하여 악필을 교정할 수 있게 도와주시는 것이 좋습니다. 국어의 기본이 되는 '글쓰기'를 더 잘 할 수 있게 하는 기본 중의 기본입니다.

참고로, 아직 초등 1~2학년이라면 글씨체보다 글쓰기를 하는 것 자체가 중요하니 급하게 교정하지 않아도 됩니다. 다만 초등 3~4학년부터는 줄글 공책을 더 많이 사용하게 되고 글을 쓸 일이 더 많아지는 만큼 이 시기부터는 필요할 경우 교정하기를 권합니다.

필사를 하면 좋은 세 가지 이유

제가 초등학교 고학년 때 국어 학원에 다닌 적이 있었습니다. 그 당시 학원 선생님이 현대 시 수업을 하면서, 항상 그날 배운 시를 공책에 베껴 다시 적어 보게 했습니다. 당시에는 귀찮은 숙제라고 생각했지만, 그렇게 베껴 적은 경험은 제가 시를 더 잘 이해하고, 오래 기억할 수 있도록 해 주었습니다.

저는 초등학생들이 '필사'를 통해 국어 공부하는 방법을 추천합니다. 필사는 '베껴 쓴다'라는 의미입니다. 사실 단순히 '필사'만 놓고 보면 굳이 초등 아이가 어떤 문장이나 글을 '베껴' 써 보는 게 무슨 의미가 있느냐고 반문하실 수도 있습니다. 일반적으로 초등 아이들에게 필사를 시키지는 않는 만큼 과연 필사가 어떤 부분에 있어서 도움이 될지 궁금하실 것입니다.

지금부터는 필사의 세 가지 좋은 점과 시중에 나와 있는 관련 책

중 괜찮다고 생각했던 책 몇 권을 추천해 보려고 합니다.

　우선, 필사의 첫 번째 장점은 내용을 더 오래 기억하고, 더 깊이 이해하게 해 준다는 점입니다. 초등 시기에 배우는 속담, 사자성어, 영어 단어, 동시, 맞춤법 등을 단순히 '눈'으로만 공부하는 게 아니라 '손'으로 직접 쓰면 두 개의 감각을 사용하게 됩니다. 이 때문에 내용을 더 오랫동안 기억할 수 있습니다. 우리가 강의를 들을 때도 단순히 글로 된 교재를 눈으로만 읽는 게 아니라 강사의 말로 듣기 때문에 훨씬 잘 이해할 수 있습니다. 두 개의 감각을 동시에 이용하니 더 집중이 잘 되는 겁니다. 필사도 이와 마찬가지입니다. 오랫동안 기억할 수 있을 뿐만 아니라 더 깊이 이해할 수 있습니다. 손으로 쓰면서 다시 한번 내용을 읽게 되면 눈으로 쓱 훑어볼 때보다 그 뜻을 한 번 더 곰곰이 생각하게 되기 때문입니다.

　필사의 두 번째 장점은 '공부 집중력'을 높여 준다는 점입니다. 눈으로만 공부하면, 특히 아직 공부 습관이 제대로 안 잡힌 초등 시기에는 집중력이 떨어지고 오랜 시간 공부를 지속할 수 없습니다. 하지만 손으로 내용을 따라 쓰다 보면 계속 손을 움직여 내가 쓴 내용을 다시 보며 읽게 되는 만큼 자연스레 눈으로만 공부할 때보다 집중력이 향상됩니다. 여기에 좀 더 집중력을 높이려 한다면 입으로 따라 읽으며 써 보는 것도 좋습니다. 눈, 입, 귀, 손 등 여러 감각을 다 이용하는 만큼 집중력 향상에 훨씬 더 도움이 될 것입니다.

필사의 세 번째 장점은 '글씨체 교정'에 도움이 된다는 점입니다. 앞선 장에서 다뤘듯이, 악필은 초등 시기에 교정하는 것이 중요합니다. 필사를 하면 계속해서 글씨를 써 보며 자연스레 바른 글씨를 쓰는 데에도 도움이 됩니다.

이렇게 장점이 많은 필사를 좀 더 쉽게 하기 위해 시중의 교재를 활용하는 방법이 있습니다. 제가 직접 다양한 책들을 살펴보면서 그중 필사에 도움이 될 만한 교재를 선별하였습니다. 아래 상자 안의 책들을 참고해 주시길 바랍니다.

의대생이 추천하는 초등 필사 책 목록
《하루 10분 초등 한자 따라 쓰기》(김태현), 《초등 맞춤법 50일 완주 따라 쓰기》(권귀헌), 《바빠 초등 속담+따라 쓰기》(호사라), 《바빠 초등 사자성어+따라 쓰기》(호사라)

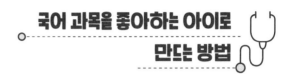

국어 과목을 좋아하는 아이로 만드는 방법

초등 시기에는 아이가 국어 공부를 하도록 잘 이끌어 주는 것도 중요하지만, 아이가 국어 과목 자체를 좋아하고 흥미를 갖도록 도와주는 것이 더 중요합니다. 괜히 초등 아이에게 국어 공부를 시키려다가 아이가 국어 과목에 거부감을 가지게 된다면 역효과를 낼 뿐입니다. 지금부터는 국어 과목을 좋아하는 아이로 만드는 두 가지 방법에 대해 말씀드리겠습니다.

첫 번째는 '초등 잡지'를 활용하는 것입니다. 초등 아이들은 대부분 만화책 읽는 것을 좋아합니다. 그다음으로는 이야기책, 동화책 읽는 것을 좋아합니다. 사실 경제, 사회, 과학, 인문 등의 주제를 다루는 지식책은 만화책, 동화책에 비해 선호도가 떨어지는 것이 사실입니다. 이러한 아이들에게 처음부터 무작정 지식책을 읽게 하면 아

151

이들이 자칫 독서 자체를 싫어하게 될 수도 있습니다. 본인의 의지가 아닌 강요로 읽게 되면 독서의 효과도 반감됩니다. 그래서 저는 '초등 잡지' 활용하는 방법을 추천합니다.

초등학생을 대상으로 한 잡지 중에 대표적으로 《우등생 논술》, 《초등 독서 평설》 등이 있습니다. 이런 잡지는 문학 작품을 비롯하여 지식 전달 목적의 만화, 그리고 최신의 경제, 과학, 인문 트렌드를 담은 다양한 분야의 글들로 구성되어 있습니다. 초등 기본 상식, 직업 탐구 등 초등학생들이 관심을 가질 만한 여러 내용이 담겨 있기도 합니다.

무엇보다 일단 만화가 포함되어 있어 아이가 흥미롭게 읽기 시작합니다. 이를 시작으로 자연스레 문학 작품뿐만 아니라 다양한 소재와 주제를 담은 여러 분야의 글들을 읽고 생각할 기회를 접할 수 있습니다. 물론 완결된 한 권의 책을 읽는 독서도 중요하지만, 이렇게 잡지를 통해서도 아이가 독해 능력과 다양한 배경지식을 쌓으며 국어에 대한 흥미를 놓치지 않을 수 있습니다. 그러니 꼭 초등 잡지를 활용해 보시면 좋겠습니다.

두 번째는 '초등 국어 독해 문제집'을 활용하는 것입니다. 초등 시기에 독서를 하거나 글쓰기 연습을 하는 건 무언가 문제를 풀고 맞히면서 성취감을 얻는 형태는 아닙니다. 그로 인해 아이가 국어 공부에 대한 동기 부여가 약해지고 집중력도 떨어질 수 있습니다. 이럴 때는 시중에 있는 문제집 중 지문을 읽고 문제를 푸는 형태의 문제집을 활용하는 방법도 있습니다. 아이가 문제를 풀고 정답을 맞혀 나가는 과정에서 공부 성취감을 끌어올리는 데 도움을 받을 수 있습니다. 중학교, 고등학교에 진학하면 본격적으로 국어 문제 풀이를 해야 하는 만큼, 초등 시기에 미리 국어 문제 풀이 연습을 시작하는 것도 도움이 됩니다.

이러한 연습을 위해 아래 시중에 나와 있는 독해 문제집 중 초등 시기에 적당한 국어 문제집 몇 권을 추천합니다. 참고하여 활용해 보시길 바랍니다.

의대생이 추천하는 초등 국어 독해 문제집
《뿌리깊은 초등국어 독해력》(마더텅), 《빠작 초등 국어》(동아출판), 《하루 한 장 독해 초등 국어》(미래엔)

선행보다 중요한

초등 수학 실전 공부법

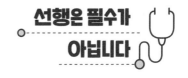
선행은 필수가
아닙니다

제가 의대에 다닌다고 하면, 많은 분이 초등 시기에 이미 선행으로 중등 수학을 다 끝내지 않았느냐고 묻습니다. 하지만 저는 초등 시기에 6개월~1년 정도 앞서 예습하는 것이 다였을 뿐 과도한 선행을 한 적이 없었습니다.

'초등 의대 준비반'이 성행한다는 뉴스를 접하며 초등 시기부터 의대를 목표로 중고등 수학까지 선행을 하는 학생들이 있다는 것을 알게 되었습니다. 초등 의대 준비반이 만들어질 정도로 의대 쏠림 현상이 과열된 것에 대한 아쉬움과 함께 초등 시기부터 아이들에게 지나치게 과한 선행이 조장되고 있는 현실에 걱정스러운 마음이 들었습니다. 해당 뉴스를 보고 혹시 일부 학부모님들이 아이의 선행 속도가 너무 늦다고 걱정하시지는 않을까 싶어 이에 대한 답을 드리고 싶었습니다.

초등 시기의 수학 선행, 어느 정도가 적정한 선일까요? 선행을 한다면 어떤 방식으로 해야 할까요? 이 질문에 대해 제 생각을 정리해 보았습니다.

(1) 선행은 필수가 아니지만, '복습'과 '심화'는 필수입니다

: 우선, 제가 가장 먼저 드리고 싶은 이야기는 초등 시기에 선행이 필수가 아니라는 점입니다. 워낙 요즘 수학 학원에서도 선행을 많이 시키고 혼자서도 앞서 공부하는 친구들이 많다 보니 초등 때 선행하지 않는 것을 오히려 이상하게 보는 시선이 있기도 합니다. 하지만, 초등 시기에는 선행을 하지 않더라도 수업을 따라가고 공부를 하는 데에 전혀 문제가 되지 않습니다. 그러니 선행을 하지 않았다고 해서 이를 걱정할 필요는 없습니다. 다만, '복습'과 '심화'는 필수입니다. 학교에서 배우는 수학 현행 과정에 대해서는 그날 배운 내용의 개념을 암기하고 문제를 다시 풀며 복습하는 과정이 중요합니다.

사실 초등 시기는 선행보다 심화가 훨씬 더 중요합니다. 심화 문제집을 풀면서 한 문제에 대해 깊이 있게 고민해 보는 과정은 아이의 사고력과 문제 해결력을 길러 주는 데에 도움이 됩니다. 중고등 시기가 되면 학교 시험을 보면서 심화 문제집을 오랜 시간 잡고 깊이 생각을 할 여유가 부족해집니다. 그러니 초등 시기에 《최상위 수학》이나 《에이급 수학》 같은 초등 심화 문제집을 활용하여 심화 학습을 따로 챙기는 것이 필요합니다. 심화 문제집은 매일 5~10문제만 정해 두고 풀더라도, 꼼꼼히 시간을 투자하여 문제를 푸는 것이 좋습니다.

(2) 선행을 하더라도, '6개월~1년' 앞서는 정도로만 해 주세요

: 초등 시기는 '심화'에 집중할 수 있는 유일한 시기입니다. 앞서 말씀 드렸듯이 중고등 시기는 심화보다는 '시험'에 초점을 맞춰 공부해야 하기에 심화 문제를 풀며 천천히 고민해 볼 여유가 부족해집니다. 그러니 초등 수학의 1순위는 심화로 두는 것이 좋습니다. 여기에 더해 선행을 한다면, 6개월에서 1년 앞서는 정도로만 해 주시면 좋겠습니다. 저 역시 초등학생 때, 6개월에서 1년 정도 앞서는 속도로 선행을 하기도 했고, 초등 수학은 이 정도 선행만 하더라도 이후 수학 과정을 따라가는 데 큰 문제가 없습니다.

(3) 선행은 개념서 한 권, 유형서 한 권을 제대로 끝내는 것을 의미합니다

: 선행하는 학생들의 경우, 아직 내용에 대한 이해가 부족함에도 학원에 다니며 진도만을 생각하는 경우를 많이 봅니다. 개념서 한 권만 하고 바로 다음 선행 과정으로 넘어가는 경우도 많습니다. 하지만 개념서 한 권을 끝냈다고 선행을 했다고 보긴 어렵습니다. 최소한 개념서 한 권과 유형서 한 권, 총 두 권을 다 풀어야 선행의 의미가 있습니다.

개념서 한 권을 통해 개념과 기본 문제를 익히고, 유형서 한 권을 통해 더 다양하고 세분화한 문제를 풀며 실력을 다지는 것까지 해야 선행을 제대로 했다고 할 수 있습니다. 일부에서는 선행 과정에서 '심화 문제집'까지 풀어야 하는 게 아니냐는 분들도 있지만, 심화 문제집은 선행 과정이 아니라 해당 학년에서 그 학년에 맞는 것으로 학기 중에 병행해서 푸는 것이 좀 더 효율적인 방향이라고 생각합니다. 그러니 선행을 한다면, 최소한 개념서 한 권, 유형서 한 권, 이렇게 총 두 권은 확실히 끝내고 다음 단계로 넘어갈 것을 권합니다.

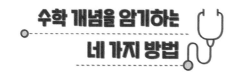
　초등 수학 공부에 있어서 가장 대표적으로 언급되는 네 개의 키워드는 개념, 연산, 사고력, 심화입니다. 연산, 사고력, 심화 모두 중요한 부분이지만, 초등 수학에서 가장 중요한 건 개념 공부입니다. 개념이 탄탄하지 않으면 아무리 연산, 사고력, 심화 공부를 해도 실력 향상에 큰 도움이 되지 않습니다.

　특히 개념 공부는 '이해'하는 것을 넘어 '암기'까지 할 수 있어야 합니다. 개념 원리에 관해 설명을 들을 당시에는 아무리 잘 이해했더라도 암기가 되지 않으면 실제 문제를 푸는 데 사용할 수 없기 때문입니다.

　저는 수학 공부를 좋아하지 않았습니다. 수학 개념을 암기해야 하는 것이 때로는 힘들기도 했습니다. 그래서 찾아낸 것이 '나만의 수학 개념 암기법'입니다. 이를 활용해 수학 개념을 좀 더 효율적으로

161

암기했으며, 효과도 보았습니다. 지금부터 저만의 수학 개념 암기법 네 가지를 정리해 소개하겠습니다.

첫 번째 방식은 포스트잇에 개념을 적어, 잘 보이는 곳에 붙여 두는 것입니다. 많이 노출하면 할수록 빠르게 암기할 수 있는 만큼, 어려운 수학 개념은 늘 따로 포스트잇에 적어 두고 자주 보려 했습니다. 이렇게 포스트잇을 활용하면, 수학 개념을 포스트잇에 옮겨 적는 과정에서 한 번 익히게 되고, 또 가까이 붙여 놓은 포스트잇을 수시로 자주 보면서 자연스럽게 외울 수 있게 됩니다.

두 번째 방식은 녹음법입니다. 제가 헷갈리거나 어렵다고 느낀 수학 개념들을 휴대전화에 직접 제 목소리로 녹음해 두고, 반복해서 들으며 암기하는 방식입니다. 다른 사람이 해 준 것이 아니라 직접 제 목소리로 녹음한 것이기에, 들을 때면 내가 녹음할 때의 상황이 함께 떠올라 더 잘 외워집니다.

세 번째 방식은 부모님에게 설명하는 방식입니다. 혼자서 눈으로 개념을 외우는 것에는 한계가 있습니다. 이럴 때 수학 개념을 부모님에게 설명한다는 생각으로 말로 풀어서 설명하는 연습을 해 보면 확실히 암기에 도움이 됩니다.

내가 알고 있는 개념이라고 해도 이를 누군가에게 설명해야 한다면, 그 개념에 대해 더 깊이 있는 공부를 하게 되고, 상대방이 이해할 수 있게 자기 말로 바꾸어 쉽게 설명하려고 합니다. 그 과정에서 개념을 확실히 암기할 수 있게 됩니다.

마지막 네 번째 방식은 규칙적인 개념 복습입니다. 저는 매주 일요일에 그 주에 공부했던 수학 개념을 다시 암기하며 복습하는 시간을 가졌습니다. 또한 매달 말일에는 그달에 공부했던 개념을 모아 다시 암기하며 복습했습니다. 이러한 과정을 통해 수학 개념을 더욱 견고하게 익힐 수 있었습니다.

수학 공부의 시작은 탄탄한 개념 공부입니다. 그리고 개념 공부는 이해도 중요하지만, '암기'할 수 있어야 합니다. 제가 말씀드린 네 가지 암기 방식을 활용하여 좀 더 효율적으로 수학 개념을 익힐 수 있길 바랍니다.

학원과 별개로 아이 혼자서
두 권의 문제집을 병행하면 좋습니다

초등 저학년 시기에 수학은 집에서 부모님이 직접 아이를 지도하는 경우가 많습니다. 하지만 초등 3~4학년 정도부터는 수학 학원에 다니며 공부하는 아이들이 점점 늘게 됩니다. 원래 수학 지도를 직접 해 주시던 부모님들도 아이를 수학 학원에 보내는 순간, 공부는 학원에 맡기고 아이가 숙제를 잘하고 있는지, 학원은 잘 다니고 있는지 정도만 확인하시는 경우가 대부분입니다.

저도 초등학교 3학년 때부터 수학 학원에 다니기 시작했습니다. 하지만 수학 학원에 의존하기보다는 학원 진도와 별개로 늘 혼자서 '연산 문제집'과 '심화 문제집' 두 권을 병행하여 풀었습니다. 중고등 시기도 마찬가지였습니다. 연산 문제집은 풀지 않았지만, 심화 문제집 한 권은 학원이나 과외와는 별개로 늘 혼자서 풀었으며, 이는 수학 실력 향상에 큰 도움을 주었습니다.

어머님, 의대생은 초등 6년을 이렇게 보냅니다

초등 시기에 아이를 수학 학원에 보내더라도, 저는 학원 진도와 별개로 집에서 아이 혼자 두 권의 문제집을 풀어갈 수 있도록 부모님이 도와주시길 권합니다. 제 경험상 학원 진도와 별개로 늘 스스로 두 권의 문제집을 병행했던 것이 제 초등 수학 실력을 다잡는 데 도움이 되었기 때문입니다. 여기서는 어떤 문제집을 어떤 방식으로 풀었으며, 각각 어떤 역할을 하는지까지 말씀드리겠습니다.

첫 번째는 '연산 문제집'입니다. 초등 수학에서 중요한 것 중 하나가 '연산 실력'을 확실히 잡는 것입니다. 중고등 수학 시험에서 학생들이 실수하는 가장 대표적인 원인이 '계산 실수'입니다. 그만큼 연산은 가장 기본이자 중요한 부분이라 할 수 있습니다. 저는 초등 시기 아이가 학원이나 다른 과외 공부를 하더라도 꾸준히 스스로 연산 문제집을 풀며 연산 실력을 쌓기를 권합니다.

이때 아이가 연산이 약하다는 이유로 하루에 지나치게 많은 시간을 연산 공부에 투자하는 것은 바람직하지 않습니다. 아무리 연산 연습이 중요해도 연산에 치우친 수학 공부는 아이가 수학 과목에 흥미를 잃게 하고, 단순 계산만 반복하는 공부라는 부정적인 인식을 심어 줄 수 있기 때문입니다. 그러니 아이가 연산 문제집을 스스로 풀도록 하되, 하루에 한두 장 정도를 조금씩 꾸준히 풀게끔 옆에서 부모님이 지도해 주시는 것이 좋습니다.

그렇다면 원래 연산 실력이 좋은 아이들은 연산 문제집을 병행하지 않아도 될까요? 아닙니다. 저는 초등학생이라면 누구나 연산 문제집을 병행하라고 말씀드립니다. 왜냐하면, 유일하게 연산 연습을 할 수 있는 시기가 초등 시기이기 때문입니다.

또한 연산 문제집을 매일 조금씩 푸는 것은 수학에 대한 자신감을 더하는 공부이기도 합니다. 평소 학원에서 어려운 선행 학습을 하면서 아이가 수학을 어려워하더라도, 집에서 매일 조금씩 연산 문제집을 푸는 경험을 통해 자신감을 기르고 성취감을 얻을 수도 있기 때문입니다. 그러니 초등 시기에는 꼭 연산 문제집을 병행하도록 지도해 주세요.

두 번째는 '심화 문제집'입니다. 심화 문제집은 학원 진도와 별개로 한 권을 3회독할 것을 권합니다. 모두가 다 그런 건 아니지만, 초등 아이들이 학원 교재를 풀 때 어려운 문제를 만나면 깊이 있게 고민하지 않는 경향이 있습니다. 여기에는 두 가지 이유가 있습니다. 첫 번째는 아이가 깊이 고민하지 않더라도 모르는 문제에 별 표시를 하고 학원에 가져가면 선생님이 알려 주시기 때문입니다. 결과적으로 아이가 혼자 고민하는 능력이 부족해집니다. 두 번째는 아이가 빨리 '숙제'를 끝내고 싶은 마음에 어려운 문제에 시간을 많이 투자하지 않으려 하는 것입니다.

저는 부모님의 지도에 따라 아이가 스스로 심화 문제집 한 권을

3회독하기를 추천합니다. 이렇게 아이 스스로 심화 문제집을 풀게 되면, 시간의 압박 없이 문제를 풀기 때문에 한 문제에 대해 깊이 고민할 수 있어 아이의 사고력 향상에 도움이 됩니다. 또한 아이가 중학교에 진학해 자기주도학습을 잘할 수 있으려면, 혼자서 답안지를 보고 틀린 문제에 대해 고민하고 해결하는 과정이 매우 중요합니다. 이러한 부분 역시 아이가 스스로 심화 문제집을 푸는 경험을 통해 해결할 수 있습니다.

여기서 제가 3회독이라고 말씀드렸습니다. 이는 제 경험에 따른 것으로, 저는 1회독을 할 때는 모든 문제를 '공책'에 풀고, 2회독을 할 때는 모든 문제를 '책(문제집)'에 다시 풀고, 3회독부터는 1, 2회독을 하면서 틀리거나 헷갈려서 표시해 둔 문제들을 위주로 다시 풀었습니다. 많은 문제집을 푸는 것도 좋지만, 하나의 문제집을 제대로 이해하는 것도 큰 도움이 됩니다. 비슷한 유형의 문제들이 다른 문제집에서도 반복되는 만큼, 하나의 문제집을 3회독하여 온전히 이해하는 연습을 하는 것이 좋겠습니다.

정리하자면, 아이가 수학 학원에 다니더라도 '연산 문제집'과 '심화 문제집'은 꼭 학원과 별개로 혼자서 풀 수 있도록 부모님이 지도해 주시면 좋겠습니다.

수학은 서술형 연습도 중요합니다

지문을 읽고 문제를 푸는 국어, 영어나 개념을 이해하고 암기하여 푸는 사회, 과학과 달리, 수학은 '논리적인 풀이'를 요구하는 과목입니다. 문제를 읽고, 문제에 주어진 조건을 활용하여 풀이를 써 내려가면서 답을 구해 내는 과정입니다. 그렇기에 수학은 차근차근 식을 쓰면서 문제를 푸는 연습이 중요하고, 이러한 연습을 잘해 두면 중학교, 고등학교에 진학해 '서술형' 문제를 푸는 데도 도움이 됩니다.

초등학생 때 수학 서술형 연습을 따로 하지 않았던 저는, 그래서인지 중학교에 진학해 수학 시험을 대비할 때 서술형 문제를 푸는 데 다른 친구들보다 시간이 더 오래 걸렸습니다. 이 부분이 약점이 되어 이를 보완하는 데 꽤 어려움을 겪었던 기억이 있습니다.

그렇다면 수학 서술형 문제 풀이 연습은 어떻게 할 수 있을까요? 초등 시기에 할 수 있는 수학 서술형 연습 방법을 정리해 보았습니다. 다음 세 가지 방법을 참고하여 활용하시길 바랍니다.

첫 번째 방법은 수학 문제집을 풀 때 '줄글 노트'에 문제를 푸는 것입니다. 문제집에 문제를 풀다 보면, 풀이가 길어지게 될 경우 차근차근 쓰는 게 아니라 이곳저곳에 풀이를 적게 됩니다. 그렇다 보니 나중에는 본인이 적어 두었던 풀이를 찾기도 어렵습니다. 이는 처음부터 끝까지 풀이 과정을 적을 줄 알아야 하는 서술형 문제 풀이 연습에 도움이 되지 않습니다.

초등 시기부터 줄글 노트에 풀이 과정을 쓰는 연습을 하며 차근차근 식을 적어 나가는 습관을 들이면, 문제를 좀 더 논리적으로 푸는 데 도움이 됩니다. 저는 한 권의 문제집을 2회독 한다고 할 때, 처음 1회독 때는 줄글 노트에 문제를 풀고, 2회독 때부터는 문제집에 직접 문제를 푸는 방식으로 풀었습니다.

두 번째 방법은 시중에 나와 있는 서술형 문제집을 활용하는 것입니다. 서술형 문제는 흔히 '문장제'라고 표현하기도 합니다. 시중 문제집 중 객관식 형태가 아닌 서술형이나 문장제 위주로 되어 있는 문제집을 골라 추가로 풀면, 아이가 자연스럽게 초등 시기부터 서술형 문제에 익숙해질 수 있습니다. 시중 서술형 문제집 중에서《나 혼자 푼다! 수학 문장제》(최순미),《기적의 수학 문장제》(김은영) 등을 활용해 보시면 좋습니다.

세 번째 방법은 서술형 문제를 손으로 풀기 전에 입으로 문제를 읽고, 풀이에 대해 정리를 해 본 뒤에 손으로 옮겨 적는 연습을 하는 것입니다. 서술형 문제를 빠르게 눈으로 읽고 바로 풀이를 적으려다 당혹해하는 학생들이 많습니다. 답을 구하는 건 익숙하지만, 답을 구하는 과정을 풀어 설명하는 것에 익숙하지 않기 때문입니다.

그러니 서술형 문제를 접하면 일단 문제를 소리 내어 천천히 읽으면서 문제를 푸는 데에 필요한 조건을 파악합니다. 풀이 과정을 손으로 쓰기 전에 말로 쭉 정리하면서 머릿속으로 그려보는 것도 좋습니다. 그 후에는 말로 했던 것들을 손으로 직접 써 보면서 서술형 풀이를 연습합니다. 이러한 전 과정이 서술형 문제 풀이의 습관을 잡는 데에 도움을 줄 것입니다.

어머님, 의대생은 초등 6년을 이렇게 보냅니다

수학 과목을 좋아하는 아이로 만드는 방법

많은 학생이 싫어하는 과목으로 꼽는 것이 바로 '수학'입니다. 학년이 올라갈수록 난도가 급격히 올라가며 수학에 대한 흥미를 잃게 되는 경우가 가장 많습니다. 아무래도 식을 써서 문제를 풀어야 하는 수학 문제의 특성상 지루함과 귀찮음을 느끼기 쉬운 과목이기도 합니다. 그래서 초등 시기가 더 중요합니다. 상대적으로 쉬운 초등 시기에 수학 공부를 하며 자연스럽게 수학에 대한 흥미를 놓치지 않도록 해 주는 것이 중요한 과제 중 하나입니다.

물론 말처럼 쉽지는 않겠지요. 그렇다면 욕심을 조금 내려놓고, 아이가 수학을 좋아하지는 않더라도 수학에 거부감을 가지지는 않게 하는 것을 목표로 접근하는 방법도 있습니다.

수학 과목에 흥미를 갖게 하는 방법, 아니 수학 과목에 거부감을 가지지 않게 하는 방법에는 무엇이 있을까요? 아래 두 가지 방법을

171

정리해 소개합니다.

　첫 번째는 '수학 학습 만화'를 활용하는 것입니다. 이야기책이나 다른 지식책을 전혀 읽지 않은 채 만화책만 읽는 것은 문제가 될 수 있지만, 그렇지 않은 경우라면 학습 만화가 해당 과목에 대한 흥미를 더하는 데 도움을 줄 수 있습니다. 수학 또한 마찬가지입니다. 수학을 다루는 학습 만화를 통해 아이가 수학에 흥미를 갖게 할 수 있습니다.

　먼저 시중에 있는 수학 만화책 중 제가 초등 시기에 즐겨 읽었던 《수학 도둑》 시리즈를 추천하고 싶습니다. 겉으로 볼 때는 그저 재밌는 만화책이지만, 그 속에 다양한 수학 개념을 바탕으로 한 퀴즈가 포함되어 있습니다. 수학 개념을 친근하게 전달하며 초등 아이에게 수학이 그리 딱딱한 과목이 아니라는 인식을 심어줄 수 있습니다. 시중에 있는 책 중 《Why? 수학》 시리즈도 수학에 대한 흥미를 더해 줄 만한 학습 만화입니다.

　두 번째는 '수학과 관련된 체험'을 하도록 해 주는 것입니다. 어느 특정 분야에 관심을 두게 하는 좋은 방법 중 하나는 바로 그 분야를 직접 체험해 보는 것입니다. 수학도 마찬가지입니다. 일단, 초등 도형 공부를 한다면 단순히 그림으로만 보는 게 아니라 원뿔, 원기둥 같은 입체도형을 실제로 만져보며 입체적으로 느껴 보는 것이 좋습니다. 이러한 수학 도형 교구를 인터넷에서 구매해 아이가 직접 만져보며 공부하게 할 수도 있습니다.

수학과 관련된 체험관을 아이와 함께 방문해 보는 것도 하나의 방법이 될 수 있습니다. 국내에서는 〈제주 수학 체험관〉, 〈충북 수학 체험센터〉, 〈부산 수학 문화관〉, 〈노원 수학 문화관〉, 〈수학 박물관〉(서울) 등이 있습니다. 아이가 직접 체험도 하고 다양한 수학 관련 전시를 보며 수학에 관심을 가질 수 있게 해 주시면 도움이 될 것입니다.

초등 시기는 아직 포기할 때가 아닙니다. 수학에 대한 흥미를 가지고 앞으로 공부를 이어갈 수 있도록 부모님이 옆에서 아이들을 잘 이끌어 주시길 당부드립니다.

기본기를 잡는

초등 영어 공부 꿀팁

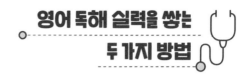

초등 시기는 영어의 기본기를 쌓아가는 시기입니다. 영어는 크게 읽기, 듣기, 쓰기, 말하기 영역으로 나눌 수 있습니다. 이 네 가지 영역을 동시에 다 할 필요는 없지만, 중학교 진학 전에 네 가지 영역에 대해 전반적인 학습을 하고 가는 것이 유리합니다. 그중에도 중고등 시험과 가장 맞닿아 있는 영역이 '읽기 영역', 즉 독해입니다. 초등 시기에 영어 독해력의 기초를 어떻게 쌓을 수 있을지 실제 제 경험을 바탕으로 두 가지 방법을 말씀드리려고 합니다.

첫 번째는 '영어 원서' 읽기입니다. 아이가 어릴 때부터 엄마표 영어로 영어 그림책이나 동화책을 읽히는 가정이 꽤 있습니다. 이런 엄마표 원서 읽기도 입시 준비에 바쁜 중고등학교까지 이어지는 경우는 많지 않습니다. 하지만 초등 시기에 영어 원서를 읽어 본 경험은 이후 독해 실력의 기본기를 다지는 데 큰 도움이 됩니다.

제가 초등학교 때 인상 깊게 읽은 원서로 《윔피 키드》(제프 키니)라는 책이 있습니다. 이 시리즈는 초등 수준에 맞는 단어와 문장으로 구성되어 있고, 내용 자체도 초등학생들이 재밌게 읽을 수 있는 수준입니다. 재미있고 흥미로운 이야기여서 영어 원서로 읽기에도 부담이 없으며 자연스럽게 독해 실력을 늘릴 수 있는 장점이 있습니다. 이 《윔피 키드》 시리즈는 지금 초등학생들에게도 읽어 보길 추천합니다.

처음부터 아이에게 영어 원서를 읽히는 게 부담된다면, '쌍둥이 책 읽기' 방법을 권합니다. 제가 처음 영어 원서를 접할 때 했던 방법이기도 한데, 똑같은 한 권의 책을 한글 버전과 영어 버전 둘 다 구매하여, 먼저 한글 버전 책을 읽으면서 대략적인 스토리를 파악한 다음, 똑같은 내용의 영어 버전 책을 다시 읽어 내려가는 방법입니다. 이렇게 하면 먼저 한글 버전 책으로 내용을 파악할 수 있어 영어 원서에 대한 부담과 장벽을 낮출 수 있고, 자연스럽게 원서에 대한 접근성이 좋아집니다. 앞에 추천한 《윔피 키드》 시리즈 역시 한글과 영어 버전 둘 다 있는 만큼 '쌍둥이 책 읽기' 방식을 활용해 보시면 좋겠습니다.

두 번째는 화상영어를 통한 영어 회화 공부입니다. 제가 초등학교 시절 어머님의 지인 중에 화상영어 회사를 운영하는 분이 있었습니다. 덕분에 저는 초등 저학년 때 영어 회화에 대한 기본도 없는 상태로 일대일 화상영어를 시작하게 되었습니다. 처음에는 그 시간이 정말 공포로 다가왔습니다. 외국인 선생님이 화면을 통해 저에게 영어로 질문을 하는 것이 정말 두려웠습니다. 더는 하고 싶지 않았지만 딱 한 달만 해 보자는 어머님의 권유로 시작한 것이, 한 달, 두 달을 넘겨 4년 넘게 계속하게 되었습니다.

처음에는 낯설었지만, 점차 입이 열리기 시작했고 자연스레 영어로 듣고 말하는 능력이 향상되었습니다. 그 과정에서 수업 교재를 활용해 영어 글쓰기와 지문 독해를 함께 하면서 자연스레 독해력도 향상되었습니다.

초등 시기에는 영어라는 언어의 영역에서 다양한 경험을 쌓아 보는 것이 중요합니다. 영어 원서 읽기, 화상 영어, 영어 회화 공부 등 여러 가지 방법을 통해 흥미를 갖고 영어를 접하며 지속하여 기본기를 쌓다 보면, 이후 중고등학교에서 입시를 위해 집중해야 할 때도 분명 도움을 받을 수 있습니다.

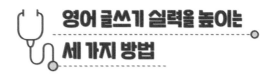
저는 초등 시기에 영어 일기를 쓰면서 영어 글쓰기 실력을 키웠습니다. 의대에 입학 후에는 3년 넘게 중고등학생을 대상으로 영어 과외만 집중해서 진행하기도 했습니다. 이런 경험을 바탕으로, 초등 시기 영어 일기를 포함하여 영어 글쓰기 실력을 높이는 방법을 소개하고자 합니다.

영어 글쓰기, 즉 영작을 잘하기 위해서는 기본적인 영어 독해, 문법, 단어 실력을 탄탄하게 잡는 것이 중요합니다. 기본 재료가 없다면, 아무리 영어 글쓰기를 해도 실력이 빠르게 늘기 어렵습니다. 만약 위에서 말한 영어 기본 실력이 조금씩 잡히기 시작했다면, 이제는 영작 연습을 할 단계가 되었습니다. 영작 연습은 다음과 같은 세 가지 방법으로 진행할 수 있습니다.

가장 첫 번째는 '필사'입니다. 국어에서 말씀드린 것과 마찬가지로, 영어 역시 글쓰기 실력을 높이기 위해서는 올바른 영어 문장이나 글을 그대로 따라 쓰면서 감각을 익히는 것이 도움이 됩니다. 이렇게 따라 쓰기 연습을 할 수 있는 교재로 《어린이를 위한 초등 매일 글쓰기의 힘: 영어 한 줄 쓰기》(이은경), 《기적의 영어일기 한 줄 쓰기편》(여장은)을 추천합니다. 이렇게 시중에 나와 있는 교재를 활용해 연습하는 것이 첫 번째 시작입니다.

두 번째 방법은 '영어 일기 쓰기'입니다. 따라 쓰기 연습을 통해 영작에 대한 기본 감각을 익혔다면, 이제는 본인이 하루에 겪었던 일들을 영어로 써 보며 실제 적용해 보는 것입니다. 영어 일기는 부담을 가질 필요 없이, 서너 문장 정도로 하루에 있었던 일과 그에 대한 감정을 써 보는 정도만 해도 괜찮습니다. 이만큼만이라도 꾸준히 한다면 영작 실력 향상에 도움이 됩니다.

만약 혼자 영어 일기를 쓰는 게 어렵다면, 시중에 있는 교재를 활용해 보셔도 좋습니다. 예를 들어 《기적의 영어일기 생활 일기편》(김지은), 《기적의 영어일기 주제 일기편》(김지은)과 같은 교재를 참고해 보면 좋습니다.

마지막 세 번째 단계는 따라 쓰기나 일기 쓰기의 방식이 아닌 시중의 작문 교재를 활용해 본격적인 영작 연습을 하는 단계입니다. 초등 시기에 알맞은 작문 교재로는 《기적의 영어 문장 만들기》(주선이)시리즈를 추천합니다. 이 시리즈를 다 했다면, 중등 과정으로 넘어가《중학영문법 3800제 서술형》(마더텅 편집부),《도전 만점 중등 내신 서술형》(넥서스영어교육연구소)과 같은 중등 서술형 교재를 활용해 보는 것도 좋겠습니다.

이렇게 세 가지 방식을 차례대로 진행하면서 영작 연습을 해 두면, 중고등 영어 내신 시험에 출제되는 서술형 문제 풀이나 영어 과목 수행 평가 중 영작 과제에 큰 도움을 받을 수 있습니다. 아마도 다른 친구들보다 좀 더 완성도 높은 글쓰기를 할 수 있을 것입니다.

의대생이 추천하는 영어 작문 추천서
《어린이를 위한 초등 매일 글쓰기의 힘: 영어 한 줄 쓰기》(이은경),《기적의 영어일기 한 줄 쓰기편》(여장은),《기적의 영어일기 생활 일기편》(김지은),《기적의 영어일기 주제 일기편》(김지은),《기적의 영어 문장 만들기》시리즈(주선이). 위 수준을 다 완료했다면《중학영문법 3800제 서술형》(마더텅 편집부),《도전 만점 중등 내신 서술형》(넥서스영어교육연구소) 등 중등 교재를 활용하여 본격적인 영작 연습을 할 수 있습니다.

초등 영단어 공부에 관한
네 가지 조언

영어 공부의 가장 기본은 '영어 단어 암기'입니다. 사실 영어를 자연스럽게 배우는 것도 중요하지만, 학습 역량 향상을 위해서는 기본적으로 꾸준히 암기하는 과정이 필요합니다. 단어를 모르면, 읽기, 듣기, 쓰기, 말하기 네 가지 영역에 대한 학습을 제대로 진행할 수 없기 때문입니다.

저 또한 초등 시기에 영어 단어 암기를 꾸준히, 열심히 했습니다. 물론 열심히 외우는 것도 중요하지만 어떻게 하면 잘 외울 수 있을지 방법을 터득하는 것도 중요합니다. 초중고 내내 영어 단어를 암기했던 경험을 바탕으로 초등 시기에 좀 더 효율적으로 영어 단어를 공부할 수 있는 네 가지 방법을 정리하여 소개합니다.

우선 첫 번째로 강조하고 싶은 방법은 '단어장을 최소 3회독'하는

183

것입니다. 꼭 초등 시기뿐만 아니라 중고등 시기에도 단어를 외울 때 단어장을 활용합니다. 이때 진도만을 생각해 단어장을 한두 번 보고 난 후 바로 다음 단어장으로 넘어가는 경우도 많습니다. 하지만 저는 다음 단어장으로 넘어가기 전에 세 번 이상 보길 권합니다.

단어장에 나오는 단어들은 계속해서 반복, 응용되는 경우가 많습니다. 그렇기에 하나의 단어장으로 그 단어장에 있는 단어를 100% 다 암기할 수 있을 때까지 반복하여 본 후 다음 단어장으로 넘어가는 것이 좋습니다.

여기에서 저는 기본 3회독 이상을 권합니다. 일단 처음 암기를 할 때는 모든 단어를 암기합니다. 두 번째 암기할 때도 모든 단어를 다시 한번 암기해 줍니다. 그리고 세 번째 암기할 때는 첫 번째, 두 번째 암기할 때 틀렸거나 헷갈렸다고 체크를 해 두었던 단어들 위주로 복습합니다. 이렇게 틀리거나 헷갈린 단어들 위주로 계속 반복하여 암기하다 보면, 모르는 단어가 없는 순간이 옵니다. 그때 다음 단어장으로 넘어가면 됩니다.

두 번째는 단어장을 고르는 방법입니다. 저는 늘 단어장은 오프라인 서점에서 아이와 함께 직접 보고 구매하기를 추천합니다. 그 이유는 아이의 수준을 직접 확인해 볼 필요가 있기 때문입니다. 서점에 가서 단어장의 중간 부분을 펼쳐서 30~40개 정도 되는 단어를 아이에게 물어 얼마나 알고 있는지 확인합니다. 아이가 그중

어머님, 의대생은 초등 6년을 이렇게 보냅니다

50~60% 정도 단어의 뜻을 알고 있다면, 그 단어장이 아이에게 적당한 단어장이라고 할 수 있습니다. 아이가 20~30%만 알고 있는 수준의 단어장으로 공부하게 되면, 모르는 단어가 절반이 넘다 보니 암기하면서 쉽게 지치고 성취감도 부족해질 수 있습니다. 그러니 초등 시기에는 아이가 자신 있게 대답할 수 있는 단어가 50~60% 정도인 단어장을 활용하여 아이가 성취감을 느끼면서, 새로운 단어도 충분히 함께 익힐 수 있도록 도와주는 것이 좋습니다.

세 번째는 단어 암기 방법에 관한 조언입니다. 단어 암기를 할 때 처음부터 모든 단어를 암기하려고 하면 결과에 비해 노력이 많이 듭니다. 원래 알고 있던 단어와 몰랐던 단어를 암기하는 데에 같은 양의 에너지를 쓰게 되기 때문에 비효율적인 암기가 되는 겁니다. 그러니 암기를 시작하기 전에 이를 구분해 보는 것이 필요합니다.

일단 단어장 'Day 1'에 해당하는 분량 약 30~50개 단어의 뜻이 쓰여 있는 쪽을 가리고 영어 단어만 본 채 아이가 뜻을 쭉 말해 보도록 합니다. 그렇게 하며 아이가 모르거나 헷갈리는 단어에 별 표시를 해둡니다. 이렇게 해 두면 만약 오늘 하루 외워야 할 단어의 양이 50개라고 했을 때, 아이가 50개의 단어에 모두 같은 에너지를 투자할 필요가 없습니다. 그중에 아이가 이미 알고 있는 단어가 20개이고, 모르거나 헷갈린 단어가 30개라고 체크해 두었다면, 아이는 30개의 단어만 집중하여 암기하면 되는 것입니다. 이렇게 영어 단어를 외우

185

기 전에, 원래 알고 있던 단어와 모르는 단어를 먼저 분류하고 시작한다면 좀 더 효율적으로 암기할 수 있습니다.

마지막으로 초등 시기에 적당한 단어장을 추천하고자 합니다. 시중에 있는 다양한 단어장 중에서 저는 《워드 마스터 초등 BASIC/COMPLETE》(이투스북) 시리즈를 권합니다. 그 이유는 워드 마스터 시리즈가 중등, 고등까지 이어지는 시리즈로, 아이가 초등 때부터 미리 익숙해지면 중고등 때에도 익숙한 틀 안에서 영어 단어를 효율적으로 암기할 수 있기 때문입니다.

물론 꼭 이 책이 아니어도 괜찮습니다. 다만 초등 단어장을 선택할 때는 해당 단어장이 중고등 시리즈까지 이어지는지 확인한 후 고르시길 권합니다.

영어 과목을 좋아하는 아이로 만드는 방법

영어는 내신, 수능의 필수 과목이지만, 아직 어린 초등 아이에게는 낯설게 느껴지는 외국어입니다. 어릴 적에 영어 공부를 과하게 하다가 오히려 영어에 거부감을 갖는 역효과를 불러올 수도 있기에 부모님의 주의가 필요합니다. 초등 시기에는 아이가 영어 과목에 자연스럽게 관심을 가질 수 있도록 부모님이 옆에서 도와주는 것이 중요합니다. 여기서는 초등 아이가 영어 과목에 흥미를 갖도록 할 수 있는 세 가지 방법을 소개하겠습니다.

첫 번째 방법은 영어 동요나 애니메이션 등을 활용해 아이가 영어에 자연스럽게 노출되는 환경을 조성해 주는 것입니다. 공부를 목적으로 하는 것이 아니라, 동요를 듣고 재밌는 애니메이션을 보는 과정에서 자연스럽게 영어를 접하게 되기에 영어에 쉽게 흥미를 느낄 수 있게 됩니다.

두 번째 방법은 아이가 직접 해석해 볼 수 있는 수준의 가사로 된 영어 동요나 팝송을 부모님과 함께 즐기는 것입니다. 부모님이 가사를 출력해 아이와 함께 해석도 해 보고, 노래도 따라 불러보는 겁니다. 부모님과 함께 노래를 부르며 즐겁게 하는 활동이기 때문에 아이가 자연스럽게 관심과 흥미를 갖게 됩니다. 또한 좋아하는 노래의 가사를 직접 해석해 보는 과정에서 영어에 대한 관심도 높아집니다. 잘하고 싶다는 동기 부여가 될 수 있고, 독해 실력 향상으로도 이어질 수 있습니다.

실제로 저 또한 초등 시기에 영어 학원에서 저스틴 비버의 〈baby〉라는 곡의 가사를 다른 친구들과 함께 해석하고, 파트를 나누어 불러 본 경험이 지금까지도 즐거운 기억으로 남아있습니다. 고등학생 때는 수행 평가로 친구들과 조를 이루어 팝송을 부르고 영상을 찍어 제출하는 과제가 있었습니다. 초등학교 때 팝송 가사를 해석하고 불러 본 경험이 있었기에 이런 수행 평가에도 당황하지 않았습니다. 그때 친구들과 원 디렉션의 〈What makes you beautiful〉이라는 팝송을 불러 과제를 제출한 기억 또한 추억으로 남아 있습니다.

마지막 세 번째 방법은 초등 수준의 영어 원서를 부모님이 아이에게 직접 읽어 주는 것입니다. 앞선 장에서 국어 공부와 관련된 이야기를 하면서, 부모님이 아이에게 책을 읽어 주는 것이 중요하다고 말씀드렸습니다. 영어도 마찬가지입니다. 아이가 스스로 영어 원서를 읽고 이해하는 걸 힘들어하면, 부모님이 아이에게 영어 원서를 읽어 주는 것으로 시작할 수 있습니다. 아이에게 해석해 보게도 하고, 아이가 모르는 단어는 알려 주거나 함께 찾아보면서, 부모님이 아이의 영어 문턱을 낮춰 주는 역할을 해 주실 수 있습니다.

초등 시기에는 영어에 흥미를 갖고 즐겁게 접하는 것이 가장 좋습니다. 여기에 학습 동기로 이어질 수 있는 실마리를 주며, 작은 것부터 조금씩 꾸준히 할 수 있게 도와준다면, 중고등 공부의 기본기를 쌓는 데 충분할 것입니다.

part 4

의대생의
초등 생활 Q&A

초등학생인 아이들은 빠르면 1년, 늦어도 6년 내로 중학생이 됩니다. 초등 시기와 달리, 중학교 시기는 공부에 대한 압박감도 커지고, 아이가 받는 스트레스도 많아집니다. 여기서는 중고등 공부를 하며 제가 세운 '나만의 네 가지 공부 원칙'을 말씀드리고자 합니다. 의대생들의 인터뷰도 실었습니다. 초등학생 때 해 두어 도움이 된 것, 안 해서 후회한 것, 초등학생들에게 꼭 전해 주고 싶은 과목별 공부법, 나만의 내신 및 수능 공부 비법 등에 대해 의대생들의 생생한 이야기를 들으실 수 있습니다. 인터뷰에 응해 준 중앙대 의대 동기와 후배들에게 고맙다는 말을 전합니다.

미리 알고 대비하는

중고등 공부 원칙

초등학교와 중학교의 세 가지 차이점

중학교 입학을 앞둔 시기에는 초등학교와 중학교 생활의 차이에 대해 미리 이해하는 것이 좋습니다. 어떤 차이가 있는지 알아야 막상 중학교에 가서 당황하지 않고 미리 준비할 부분은 준비할 수 있기 때문입니다.

저는 초등에서 중등으로 넘어가는 시기에 아무런 고민 없이 진학한 후 낯선 환경과 변화되는 부분 때문에 당황했던 기억이 있습니다. 그렇기에 초등 부모님들을 대상으로 한 책이지만, 중등 진학에 대한 마음의 준비를 한다는 의미로 '미리 준비하는 중고등 공부'에 대해 설명해 드리고자 합니다. 여기서는 초등학교와 중학교의 세 가지 차이점에 대해 정리해 보도록 하겠습니다.

첫 번째 차이는 '수업 시간'입니다. 초등학교는 1교시에 40분 동안

195

수업을 합니다. 초등 고학년은 대부분 6교시로 이루어져 있어서 보통 학교가 끝나면 오후 2~3시쯤 됩니다. 하지만 중학교는 1교시에 45분 동안 수업을 하고, 대부분 기본 7교시로 이루어집니다. 그러니 학교 수업도 4~5시쯤에야 끝납니다. 학교 수업을 듣는 시간 자체가 늘어나는 만큼 초등 고학년부터는 조금씩 중학교 수업 시간에 맞춰 공부 집중력을 길러 두는 것이 좋습니다.

두 번째 차이는 '선생님'입니다. 초등학교는 담임선생님이 국어, 수학, 영어를 포함한 모든 과목의 수업을 담당합니다. 그렇기에 아이는 한 명의 선생님에게 수업 받는 구조에 익숙해진 상태로 중학교에 진학하게 됩니다. 하지만 중학교는 다릅니다. 중학교부터는 과목별로 교과 담당 선생님이 있어 각 과목 수업 시간에 해당 과목을 담당하는 선생님이 들어와 진행하십니다. 그렇다 보니, 아이들은 다양한 유형의 선생님을 만납니다. 그 과정에서 본인이 좋아하는 선생님의 과목은 열심히 수업을 들으며 공부하기도 하고, 본인이 싫어하는 선생님의 과목은 소홀히 하기도 하며 자칫 잘못된 공부 습관을 들이기도 합니다.

이때 과목별로 편차가 커지지 않게 하기 위해서는 아이가 초등 시기부터 특정 과목만을 선호하지 않고 모든 과목을 열심히 할 수 있도록 부모님이 도움을 주는 것이 중요합니다. 플래너 작성으로 함께 공부 계획을 세우며 과목별 균형을 맞춰 가거나, 아이가 초등 단원 평가에서 성적이 낮은 과목이 있다면 관련 학원이나 문제집을 통해 보완할 수 있도록 도움을 주시는 게 필요합니다.

세 번째 차이는 '공부 중요도'입니다. 초등 시기의 공부가 기본기를 다지고 공부 습관을 들인다는 의미라면, 중등 시기 공부의 의미는 좀 더 중요해집니다. 중학교에서 배우는 학습 내용이 입시와 밀접한 연관이 있는 고등학교 공부의 밑바탕이 되기 때문입니다. 그렇기 때문에 중학교부터는 초등 때보다 더 많은 시간을 공부에 투자해야 합니다. 특히 중학교에서는 중간, 기말시험도 보게 되는 만큼 부담도, 공부 양도 많아질 수밖에 없습니다.

중학교 시기는 초등 시기보다 공부로 더 바빠지는 만큼, 초등 시기에 취미 활동이나 운동 등 다양한 경험을 하는 것이 중요하다는 점을 다시 한번 말씀드립니다.

중학교 시기부터는 공부에 대한 압박감도 커지고 아이들이 받는 스트레스도 많아집니다. 다음 장부터는 중고등 시기에 공부를 하며 제가 세웠던 '나만의 네 가지 공부 원칙'에 대해 말씀드리겠습니다. 학부모님이 읽어 보신 후 아이에게 설명해 주어도 되고, 이 부분은 아이가 직접 읽게끔 해 주셔도 좋겠습니다.

원칙 1. 남들과 차별화될 수 있도록 끊임없이 고민한다

공부에 있어서 저의 제1원칙은 언제나 남들과 차별화될 수 있도록 끊임없이 고민하는 것이었습니다.

예를 들어, 내신 시험은 같은 학교에서 같은 선생님에게 같은 교과서로 같이 수업을 받고 같은 환경에서 공부한 학생들이 함께 봅니다. 워낙 여러 친구가 같은 환경에서 공부하지만, 모두가 전교 1등부터 꼴등까지 등수와 등급으로 나뉘게 됩니다. 그런 만큼 저는 그 안에서도 다른 친구들과 차별화되는 포인트를 만들어 내고자 했습니다. 그 포인트를 찾기 위해 중학교 때부터 고민하기 시작했고, 이후 고등학교에 들어가 드디어 나만의 차별화 지점 두 가지를 만들어 낼 수 있었습니다.

우선 첫 번째는 내신 시험공부 기간입니다. 대부분 중고등학생은 내신 시험공부 기간으로 3주, 4주를 잡습니다. 물론 중학생 때는 4주라는 공부 기간이 충분할지 모릅니다. 하지만 고등학교는 다릅니다. 고등학교에서는 각종 수행 평가와 학교 활동, 그리고 동아리 활동을 해야 하다 보니 내신 시험공부 기간을 4주로 잡는다고 해도, 온전히 공부에만 집중할 시간이 부족합니다. 결국 실제 공부 기간은 많아야 2~3주밖에 되지 않습니다.

저는 다른 친구들보다 앞서 나가려면 시험공부 기간을 늘려야 한다고 생각하게 되었고, 고등학생 때부터 중간고사 준비 기간은 최소 5주, 기말고사 준비 기간은 최소 6주로 잡았습니다. 겉보기에는 과해 보일 수 있지만, 내신 시험은 대학 입시와 직결되는 만큼 매번 시간이 부족해서 후회하는 것보다 차라리 과한 게 낫다고 생각했습니다. 실제 따지고 보면 과한 것도 아닙니다. 시험공부 기간을 5~6주로 잡아야, 실질적인 공부 기간인 4주를 채울 수 있기 때문입니다. 이것이 저의 첫 번째 차별화 방법이었습니다.

저는 고등학교 때부터 이렇게 했지만, 중학생들도 평소 수행 평가나 과제 때문에 시험공부 기간이 부족하다고 느낀다면 시험공부 기간을 5~6주로 넉넉히 잡아도 좋습니다. 부모님이 아이에게 이야기해 주실 때는 '시험 기간을 보통 4주로 잡지만, 학교 수행 평가나 과제 때문에 시간이 부족하다고 느껴지면 5주 정도로 잡고 공부 시간을 늘려 보는 것도 좋을 것 같다'라고 해 주시면 됩니다.

두 번째는 시험에서 실수하지 않는 법입니다. 제가 중학교 1학년 때, 첫 중간고사가 끝나고 펑펑 운 기억이 아직도 선명합니다. 문제는 국어 시험이었습니다. 첫 시험이라 긴장한 탓인지 원래 A 지문을 읽고 3~5번 문제를 풀어야 했는데, 실수로 B 지문을 읽고 문제를 풀어 3, 4, 5번 문제를 통째로 날리고 말았습니다. 실력이 아닌 실수로 틀린 것이었기에 아쉬운 마음이 컸고 그만 눈물까지 흘리고 말았습니다.

문제는 그 이후로도 중학교 내내 시험에서 실수를 반복한 것입니다. 반복되는 실수가 나중에 고등학교에 가서도 계속되어 대학 입시에 방해가 되지 않을까 걱정이 되기에 이르렀습니다. 중학교 때는 경험이라고 하지만, 고등학교 때는 실수가 없어야 했습니다. 저는 이런 실수를 어떻게 잡을 수 있을지 끊임없이 고민했습니다.

먼저 평소 일상적인 공부를 하며 문제를 풀 때와 내신 시험 간의 차이가 뭘까 곰곰이 생각했습니다. 그 결과 두 가지 차이가 있음을 깨달았습니다. 우선 첫 번째는 '시간제한의 유무'였습니다. 대부분 학생은 평상시 문제를 풀 때는 시간제한을 두지 않고 편안한 마음으로 문제를 풉니다. 저 또한 마찬가지였습니다. 집에서 문제를 풀다가 저녁 준비가 다 되었다는 어머니의 말씀을 들으면 바로 밥을 먹으러 가고, 화장실을 가고 싶으면 다녀오고, 피곤하면 멈추고 다음 날 이어서 풀기도 했습니다. 하지만 실제 시험은 다릅니다. 시간제한이 있습니다. 그렇기에 더 긴장하게 되고 평소만큼의 실력이 나오지 않을 수 있습니다.

두 번째 차이는 '범위가 섞여 있다는 점'이었습니다. 이는 특히 수학 시험을 풀 때마다 시간이 부족했던 이유였습니다. 평소 시중에 있는 문제집을 풀 때는 이미 범위를 알고 있는 상태에서 문제를 풉니다. 예를 들면, 이번 단원이 '분수' 단원이라면, 그 단원의 문제를 풀 때에는 아무리 낯설고 어려운 문제더라도 무의식적으로 '어차피 분수를 사용해서 풀면 되겠구나'라는 생각으로 좀 더 편안한 상태에서 풀게 됩니다. 이미 어떤 개념을 사용해서 풀어야 하는지를 아는 상태로 문제를 풀고 있는 것입니다. 하지만 실제 시험에서는 어떤가요? 범위가 뒤죽박죽 섞이게 됩니다.

실제 시험에서 문제를 푸는 첫 단추는 '이 문제는 내가 배운 개념 중 어떤 개념을 사용해서 풀어야 하지?'라는 질문입니다. 어떤 개념을 사용해야 할지를 파악하는 과정 자체가 첫 관문이 되는 것입니다. 그렇다면, 평상시 시중에 있는 문제집만 풀어 이 연습을 할 수 있을까요? 아닙니다. 이미 범위가 제시된 상태로 문제를 푸는 만큼 이에 대해 연습할 수 없는 상황입니다.

이 두 가지만 잘 극복한다면 분명 실수를 줄이고 남들과 차별화할 수 있다고 생각하게 되었습니다. 이런 생각으로 제가 고등학생 때부터 시작한 훈련이 있습니다. 바로 '족보닷컴', '내신코치' 같은 내신 문제은행 사이트에서 과목별로 2~3회씩 실제 우리 학교 시험 범위에 맞게 문제를 출력하여 풀어 보는 훈련입니다. 이를 위해 인터넷에서 실제로 OMR 카드까지 구매했고, 시험 1~2주 전에 시간 내에 문제 푸는 훈련을 했습니다. 다른 친구들이 시험공부 기간을 3~4주로 잡을 때 저는 5~6주로 잡았던 것도, 시험 1~2주 전에 이 훈련을 하기 위함이었습니다.

이 훈련으로 저는 시간제한을 두고, 범위를 섞어놓은 채로 문제 푸는 연습을 할 수 있었습니다. 평소 공부와 실제 시험 사이의 간극을 극복할 수 있는 연습이었습니다. 이 연습은 고등학교 3년 내내 좋은 성적을 유지하는 데에 정말 큰 도움을 주었습니다. 결과적으로 다른 친구들과의 차별화에 성공한 셈이었습니다.

저도 달라졌습니다. 이 연습을 한 뒤로는 시험에서 불필요하게 긴장하지 않게 되었고, 시간 부족 문제도 겪지 않게 되었습니다. 더욱 안정적인 환경에서 제 실력을 발휘할 수 있었습니다.

처음에는 낯선 방법일지 모르나 여러분도 활용해 보시길 바랍니다. 분명 내신 시험에서 다른 친구들보다 한발 더 앞서 나가고, 자신이 준비한 만큼 실력을 발휘할 수 있게 만드는 소중한 힘이 되리라 믿습니다.

저는 고등학교 때부터 했지만 실전 시험 대비에 효과가 좋은 만큼 중학교 시기부터 해 보실 것을 추천합니다. 초등 부모님들도 아이가 중학교에 진학하게 되면 시험 기간에 저처럼 실전 연습을 해 볼 수 있도록 문제은행 사이트 정보도 알려 주시고, 연습 방법도 함께 소개해 주시면 좋겠습니다.

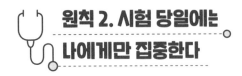

원칙 2. 시험 당일에는 나에게만 집중한다

시험이 가까워지면 불안감이 점점 커집니다. 아무리 열심히 공부해도, 내 공부량이 부족한 것처럼 느껴지고 자꾸만 다른 친구들과 나 자신을 비교하게 됩니다. 특히 내신 시험은 한 학년에 속한 학생들이 모두 동일한 시험을 준비하는 만큼, 주변 친구들이 신경 쓰일 수밖에 없습니다. 저는 시험이 가까워질수록, 특히 시험 당일에는 오로지 저에게만 집중하려고 노력했습니다.

내신 시험 당일 아침 시간 교실 모습을 떠올려 볼까요? 많은 친구들은 아침에 등교하자마자 서로 개념을 물어보거나 출제 예상 문제에 대해 친구들과 이야기 나누며 시간을 보냅니다. 저는 이런 분위기에서도 스스로 집중하려고 노력했습니다. 시험 당일 아침 시간이 얼마나 중요한지 잘 알고 있었기 때문입니다.

이 시간에 다른 친구들과 같이 시험에 뭐가 나올지 예측하는 건

어머님, 의대생은 초등 6년을 이렇게 보냅니다

사실 무의미합니다. 예측이 실패할 가능성이 훨씬 클뿐더러 예측이 맞았다고 한들 시험에 큰 도움이 되지는 못합니다. 차라리 그 시간에 그동안 내가 공부했던 걸 복습하고, 꼭 암기해야 할 부분을 다시 점검하는 것이 현실적으로 도움이 됩니다. 그렇다고 해서 그동안 풀었던 문제집을 과목당 3~4권씩 가져와 넘겨 보는 건 시간만 많이 빼앗기고 비효율적입니다. 제가 중고등 시기 시험 당일 아침 시간에 했던 건 바로 시험 일주일 전부터 만든 나만의 '한 장 요약 노트'를 보는 것이었습니다.

'한 장 요약 노트'는 다음과 같이 만듭니다. 먼저 과목별로 A4 크기 한 장의 종이를 마련합니다. 이 A4 한 장을 가로, 세로로 반씩 접어서 총 네 칸을 만듭니다. 이 중 첫 번째 칸에는 공부한 내용 중 핵심 개념에 대해서 개념 용어만 쭉 나열해 둡니다. 나중에 적어 놓은 용어들을 보고 뜻을 말해 보면서 개념에 대한 최종 점검을 하는 용도로 사용합니다.

두 번째 칸에는 이번 시험 기간에 공부하면서 반복적으로 틀렸던 문제나 어렵거나 헷갈렸던 문제 중 시험 당일 다시 눈에 익히고 싶은 문제에 대해, 문제와 해답을 요약하여 정리해 둡니다. 시험 당일에는 제가 그동안 틀렸던 문제들을 모두 다 볼 시간이 없습니다. 그러니 그중에서도 꼭 기억하고 싶은 문제들 위주로 요약 정리합니다.

그다음 세 번째 칸에는 서술형으로 나올 수 있는 내용을 정리합니다. 저는 보통 각 문제집에서 서술형 문제로 나왔던 것 중 반복해서 나왔던 것이나, 학교 선생님께서 강조하셨던 것들을 중심으로 핵심 키워드로 서술형 문제를 정리해 두었습니다. 조금이라도 시험에 나올 가능성이 있다고 생각했던 것이라면 모두 이 칸에 요약해서 정리하고 암기하려고 노력했습니다.

마지막 네 번째 칸에는 나만의 행동 강령을 적어 둡니다. 예를 들어, 수학의 경우 제가 주로 실수하는 포인트에 대해서 적어 두었습니다. 계산할 때 +, − 부호 잘 확인하기, 내가 구한 답이 문제에서 요구한 답이 맞는지 확인하기, 문제를 풀 때 조금이라도 힌트가 될 만한 조건에 체크하며 풀기, 시험 시간이 15분 남으면 아직 객관식 문제를 다 풀지 못했더라도 일단 서술형 답지 작성하기 등 실제 시험에서 당황하지 않고 시험을 볼 수 있도록 해야 할 것들, 하지 말아야 할 것들에 대해 정리했습니다. 이렇게 정리한 것은 실제 시험에서 실력을 발휘하는 데에 든든한 힘이 되어주었습니다.

이렇게 총 네 칸으로 채워 둔 과목별 나만의 '한 장 요약 노트'는 시험 당일 아침에, 그동안 내가 공부했던 것들을 전반적으로 정리하고 부족했던 부분을 막판 보완하는 데에 큰 도움을 주었습니다.

시험과 시험 사이 쉬는 시간에도 저만의 루틴이 있었습니다. 정말 많은 친구들이 서로 답을 맞춰 보며 쉬는 시간을 보냅니다. 하지만, 저는 고등학교 진학 후 단 한 번도 쉬는 시간에 답을 맞춰 본 적이 없습니다. 이미 지나가 버린 시험의 답이 맞았다고 해서, 또는 틀렸다고 해서 변하는 건 하나도 없기 때문입니다. 당연히 그다음 시험에 집중하는 것이 맞습니다.

저는 시험 사이에 쉬는 시간에도 저 자신에게 집중했습니다. 누군가 저에게 답을 물어보더라도 지금은 공부해야 하니까 나중에 이야기하자고 할 정도로 단호했습니다. 그리고 내가 쓴 '한 장 요약 노트'를 보면서 시간을 보냈습니다.

시험 당일, 시험이 채 1시간도 남지 않은 시간에 긴장되는 것은 당연한 일일 겁니다. 그 긴장을 풀기 위해 친구들과 서로 개념을 물어보며 가볍게 점검해 보기도 하고, 시험을 예측해 볼 수도 있습니다. 하지만 사실 시험 당일 아침 시간이나 쉬는 시간을 얼마나 잘 활용하느냐에 따라 시험 성적이 달라질 수 있습니다. 좀 더 좋은 결과를 내고자 한다면 시험 당일에는 자신에게 집중하면서 시간을 보내기를 권합니다.

앞으로 중학생이 될 아이에게 시험 당일 시간을 잘 보내는 것의 중요성과 함께 '한 장 요약 노트' 작성 방법을 알려주시면, 본격적으로 시험을 준비해야 하는 아이에게 도움이 되리라 생각합니다.

원칙 3. 학교 선생님이 내신 시험의 출제위원이다

만약 수능 시험의 출제위원들이 수능을 앞두고, 수능에 어떤 것들이 나올지 핵심 정리 특강을 한다고 하면 어떤 일이 벌어질까요? 말그대로 난리가 날 것입니다. 엄청난 인기와 함께, 이 특강을 듣고 싶어서 전국에서 수험생이 모여들 정도로 귀한 강의가 될 것입니다. 수능 문제를 출제한 사람이 수능에 어떤 게 나올지 알려 준다고 하는 데 듣고 싶지 않다고 하는 학생은 그 누구도 없을 겁니다.

그렇다면 내신 시험의 출제위원은 누구일까요? 바로 학교 선생님입니다. 내신 시험을 잘 보고 싶다면, 당연히 학교 선생님의 수업을 열심히 듣는 것이 맞을 겁니다.

제 중고등 시절을 돌아보면 학교 수업 시간에 조는 친구도 많았고, 졸지 않더라도 딴생각으로 수업 시간에 낙서하거나, 아예 다른 과목을 공부하는 친구들도 많았습니다. 아무래도 요즘 워낙 선행을 많이 하다 보니, 학교 수업이 이미 알고 있는 내용이라고 생각해 집중하지 못하는 것일지도 모릅니다. 하지만 수능 출제위원이 해 준다는 특강을 많은 학생이 듣고 싶어 한다면, 내신 시험 출제위원인 학교 선생님이 진행하는 수업 또한 많은 학생이 집중하는 것이 마땅합니다. 저는 중고등 시기 내내 '학교 선생님이 내신 시험 출제위원'이라는 사실을 잊지 않도록 포스트잇에 적어 늘 잘 보이는 곳에 붙여두었습니다. 그리고 이러한 사실을 활용해 나만의 공부 원칙을 만들었습니다.

첫 번째는 학교 수업 시간에는 무슨 일이 있더라도 졸지 않고 집중해서 듣는 것이었습니다. 저는 정말 단 한 번도 수업 시간에 졸지 않았습니다. 학교 선생님이 설명해 주시는 걸 열심히 듣는 게 얼마나 중요한지 알고 있었기 때문에 수업 때 존 적이 없었습니다. 졸지 않기 위해 저는 교실 뒤편에 있는 스탠딩 책상을 자주 활용했습니다. 아무리 피곤하더라도 서서 수업을 들으면 졸음을 이겨낼 수 있었습니다. 그에 앞서 아무리 공부할 게 많더라도 잠을 충분히 자려고 했고, 잠이 부족하다고 생각될 때는 쉬는 시간에 다른 친구들과 잡담을 나누는 대신 무조건 쪽잠을 자면서 보충했습니다.

사실 졸음이 오는 원인 중 하나는 그저 교과서만 펼쳐 두고 선생님 설명을 듣고만 있기 때문이기도 합니다. 교과서를 눈으로만 읽지 않았습니다. 선생님이 설명하시는 걸 필기하고 밑줄도 그으면서 졸음을 이겨내려 노력했습니다.

두 번째는 수업 시간에 적극적으로 참여하는 것이었습니다. 요즘에는 수행 평가가 내신 성적의 30~50%를 차지할 정도로 중요합니다. 실제로 제가 고1 때 일이었습니다. 그 당시 영어 과목에서 1등부터 7등까지 1등급을 받을 수 있었는데, 중간고사와 기말고사 성적만 합쳐 봤을 때는 저와 어떤 여학생이 같은 점수였고, 공동 7등이었습니다. 공동 7등이 되면, 둘 다 1등급이 아니라 2등급을 받게 되는 구조였습니다. 하지만, 나중에 수행 평가 성적을 합치고 나니 제가 그 여학생보다 수행 평가 점수가 좋았습니다. 결국 저는 7등을 하게 되어 1등급을 받았고, 그 여학생은 8등을 하게 되어 2등급을 받게 되었습니다. 이렇듯 수행 평가는 내신 성적에 직접적인 영향을 줄 만큼 중요한 역할을 합니다.

수행 평가에는 다양한 요소가 있지만, '태도 점수'도 중요한 요소 중 하나입니다. '태도 점수'는 수업 시간에 얼마나 열심히 집중하는지를 반영하는데, 저는 늘 태도 점수 100점을 받았습니다. 공부를 잘하는 학생이라고 해서 태도 점수가 무조건 100점인 것은 아닙니다. 요즘에는 공정성이 강조되는 만큼 수업에서 졸거나 좋지 않은 모습을 보이면 당연히 감점 요인이 됩니다.

이런 면에서 저는 늘 수업 시간에 적극적으로 참여하고자 했습니다. 일단 선생님과의 아이 컨택을 정말 중요하게 생각했습니다. 수업을 듣는 내내 필기를 하면서도 선생님과 계속해서 눈을 맞추려고 노력했고, 선생님과 눈이 마주치면 가볍게 고개를 끄덕이면서 제가 수업을 잘 듣고 있고 선생님의 수업 내용을 잘 이해하고 있다는 것을 계속해 전달하고자 했습니다.

또한 선생님께서 수업 중간중간 질문하는 것들에 대해서도 용기를 내어 열심히 대답하려고 노력했습니다. 선생님이 질문하시는 포인트는 당연히 시험에도 나올 수 있는 중요한 부분입니다. 대답하면서 열심히 참여하고자 하는 수업 태도도 보여줄 수 있었고, 학업 능력 향상에도 도움이 되었습니다.

세 번째는 평소 공부하면서 어렵거나 헷갈렸던 문제를 모아서 쉬는 시간, 점심시간을 활용해 선생님께 질문하는 것이었습니다. 만약 수능을 준비하는 과정에서 평소 내가 어려워하던 부분에 대해 수능 출제위원에게 직접 질문할 기회가 있다면 여러분은 어떻게 하실 건가요? 당연히 수능 출제위원에게 직접 질문하면서 궁금증을 해소하는 것이 맞을 겁니다. 내신도 마찬가지입니다. 내신 출제위원인 학교 선생님에게 내가 어려워하고 헷갈리는 것들을 모아서 직접 물어보는 것이 내신 공부를 제대로 하는 가장 확실한 방법입니다. 이는 또한 노력하는 자세를 선생님에게 전할 수 있는 좋은 방법이기도 합니다. 그래서 저는 아무리 고민해도 풀리지 않고, 헷갈리거나 애매

한 개념, 문제가 있으면 선생님께 적극적으로 물어보려고 노력했습니다.

학교 선생님은 내신 시험의 출제위원입니다. 그렇기에 당연히 모든 내신 공부의 기준은 학교 선생님의 수업이 되어야 하며, 학교 선생님의 수업에 집중해야 하는 것이 맞습니다. 저는 태도 점수를 생각해서 선생님에게 자신의 존재를 각인시키기 위해 노력하는 것도, 결과적으로 학생의 학업에 도움이 될 것이라고 믿습니다.

선생님의 수업에 집중하고, 열심히 참여하는 것이 중요하다는 점을 초등 아이들이 중학교 진학 전에 미리 알고 느낄 수 있으면 좋겠습니다. 초등 부모님들이 아이에게 학교 수업의 중요성에 대해 충분히 이야기해 주시길 바랍니다.

원칙 4. 오늘이 내가 가장 똑똑하지 않은 날이다

내신이든 모의고사든, 시험을 앞두고 공부하는 과정에서 자꾸만 다른 친구들과 자신의 진도를 비교하며 불안해하는 친구들이 있습니다. 아직 해야 할 공부가 많이 남아 있는데도, 불안해하느라 정작 공부에 집중하지 못하는 경우도 많습니다.

저 또한 그러한 불안감을 느끼기는 했지만, 그 불안함 때문에 공부의 방향성이 흔들리거나 정신적으로 스트레스를 받지는 않았습니다. 그 이유는 저만의 확고한 믿음이 있었기 때문입니다. 바로 '오늘이 내가 가장 똑똑하지 않은 날'이라는 믿음입니다.

학생들은 시험을 앞두고 열심히 공부합니다. 그렇게 하루하루 공부를 해 나갈 때 학생들이 가장 똑똑한 순간은 언제일까요? 당연히 '시험을 보는 순간'일 것입니다. 매일매일 공부를 통해 지식을 쌓아 가기 때문에, 결국 그렇게 쭉 공부하다 보면 가장 똑똑한 순간은 바로 시험을 보는 그 순간이 됩니다. 이걸 바꿔서 생각하면, 바로 '오늘'이 내가 가장 똑똑하지 않은 날이 됩니다. 당연한 이야기지만, 많은 학생이 간과하는 내용이기도 합니다.

저는 공부하며 늘 이 생각을 하고 있었기에, 평소 시험공부하는 과정에서 문제를 틀리는 것에 대해서 절대 흔들리거나 두려워하지 않았습니다. 어차피 아직 내 실력이 완성된 상태가 아니기에 지금 문제를 많이 틀렸다고 해서 부끄러워할 일은 아닙니다. 오히려 감사한 일입니다. 이 문제를 만약 실제 시험에서 틀렸다면 성적에 영향을 주겠지만, 시험공부 과정에서 미리 틀려서 다행이라고 생각하는 것이죠. '오늘이 내가 가장 똑똑하지 않은 날'이라고 생각하면 당장 많은 문제를 틀리는 것도 두려워할 필요가 없어집니다.

이러한 생각을 갖게 되면 공부 과정에서 다른 친구들과 나 자신을 비교하는 것이 얼마나 무의미한 일인가를 깨닫게 됩니다. 물론 시험 결과를 두고는 다른 친구들과 비교하며 반성하고 공부 계획을 다시 세울 수 있습니다. 하지만 공부를 하는 중에는 나뿐만 아니라 모두가 가장 똑똑하지 않은 상태에 있는 때입니다. 그러니 아직 모두의 실력이 미완성인 상태에서, 내가 다른 친구들보다 더 빠르게 진도를 나가고 있다고 안심할 이유도 없고, 다른 친구들보다 진도가 느리다고 해서 좌절하고 걱정할 필요가 없습니다. 지금처럼 꾸준히 공부하면 결국 실제 시험을 보는 그때가 내가 가장 똑똑한 순간이 될 것이기 때문입니다.

어떻게 공부하는가도 중요하지만, 공부에 대한 태도도 중요합니다. 어쩌면 최상위권 학생을 만드는 건 마인드의 차이일 수 있습니다. 저는 늘 시험공부를 하는 내내 오늘이 내가 가장 똑똑하지 않은 날이라는 생각을 해왔습니다. 늘 겸손하게 내가 모르는 것들을 배우려 했고, 그 과정에서 실패를 두려워하지 않았습니다. 그리고 실제 시험 당일에는 엄청난 자신감을 가지고 시험에 임했습니다. 시험 당일이 내가 가장 똑똑한 순간이기 때문입니다.

아직 초등 아이들이지만, 앞으로 이렇게 인식하고 공부할 수 있게 부모님들이 이끌어 주시면 좋겠습니다. '오늘이 내가 가장 똑똑하지 않은 날이다'라는 말의 뜻을 알게 되면, 아이들도 더 자신감을 가지고 공부에 임할 수 있게 될 것입니다.

의대생들이 말하는 '나의 초등 생활'

초등학생 때 해 두어 도움이 된 것 세 가지

Q – 초등학생 때 해 두어서 도움이 되었던 것이 있다면 무엇인가요? 그리고 그 이유는 무엇인가요?

A. – 첫 번째로, 초등학생 때 주산을 배웠는데 복잡한 계산을 할 때 암산 속도와 정확도를 높일 수 있어 도움이 되었습니다. 특히 고등학교 수학 문제 풀이에서 속도를 내는 데 주산이 가장 큰 도움이 된 것 같습니다.

두 번째로는 영어 원서 읽기입니다. 처음에는 한 문장에 모르는 단어만 다섯 개 이상일 정도로 읽기 힘들었고 재미를 붙이지 못했습니다. 하지만 억지로라도 읽기 시작하면서 점차 사전을 찾는 빈도가 줄었고, 정복감마저 느낄 수 있었습니다. 점점 독서에 재미를 붙이고, 영어 실력이 향상될 수 있었습니다. 나중에 수능을 치를 때까지도 독해 실력에 가장 큰 영향을 준 것이 초등 때의 원서 읽기 습관이라고 생각합니다.

세 번째는 '미드' 시청입니다. 초등학교 때 영어 공부하기를 너무도 싫어하다 보니 부모님께서 제가 좋아하는 미국 드라마를 보여주셨습니다. <한나 몬타나>

라는 드라마였는데, 당시 드라마를 시청하면서 영어 말하기에 자연스럽게 흥미를 붙일 수 있었습니다.

☉ 이현경 의대생

A. — 초등 때 사칙연산 연습을 열심히 해 둔 것이 도움이 되었습니다. 계산 능력은 중고등 과정 수학 문제 풀이의 가장 기본입니다. 학년이 올라갈수록 수학 문제에서 요구하는 계산은 더욱 복잡해지고 한 문항당 주어지는 시간도 줄어듭니다. 수능이든 내신이든 문제를 빠르고 정확하게 푸는 능력은 고득점과 만점으로 가는 열쇠입니다. 초등학생 때 단순 계산 문제를 제한 시간 안에 정확하게 풀어내는 연습을 반복했던 것이 수능과 내신에서 준킬러 문제를 빠르게 해결하는 데 큰 도움이 되었습니다. 이뿐만 아니라 계산량이 많은 과학 탐구 영역의 문제 풀이 시간을 단축하는 데도 도움이 되었습니다.

　두 번째로는 독서입니다. 최근 수능 국어에서 가장 변별력 있는 부분은 비문학입니다. 정보량이 많은 비문학 문제를 빠르게 이해하기 위해서는 어릴 때부터 많은 글을 읽고 자신만의 정보처리 방법을 확립하는 것이 가장 중요하다고 생각합니다. 초등 시절 처음 독서를 시작할 때는 스토리가 있는 소설과 같이 흥미 있는 책 위주로 읽었습니다. 읽기에 익숙해지면서 이후 과학, 사회, 수학 등 각 분야의 정보를 제공하는 책으로 독서 범위를 넓히며 나만의 독해 습관을 만들었습니다. 긴 글을 짧은 시간에 이해하는 데에도 큰 도움이 되었습니다.

마지막으로 토론 경험입니다. 많은 사람 앞에서, 혹은 공적인 자리에서 자신 있게 말하는 능력은 중고등학교 수행 평가나 고등학교, 대학교 면접에서도 가장 핵심이 되는 요소입니다. 물론 중고등학생 때도 발언할 기회가 있지만, 초등학생 때부터 자신 있게 말하는 연습을 한다면 나중에 시행착오도 줄이고 도움이 되리라 생각합니다. 초등학생 때 학교 친구들과 독서 토론 활동을 했던 경험이 이후 입시 생활에서도 큰 힘이 되었습니다.

⊙ 박재윤 의대생

A. ─ 피아노 등 다양한 악기를 배운 것이 좋았습니다. 악기는 초등 시기를 지나면 오랜 기간 제대로 배우기 힘듭니다. 그때 배우며 느낀 성취감도 좋았고, 평생의 취미를 만든 것 같아 좋았습니다. 어느 쪽으로든 악기를 배우는 일은 나의 성장에 도움이 된다고 생각합니다.

두 번째로는 독서입니다. 꼭 지식을 담고 있는 책이 아니더라도 어릴 때부터 글을 자주 접하는 건 공부에도 분명 도움이 됩니다. 개인적으로는 초등학생 때 주변 교류에서 얻기 어려운 깊은 정서적 공감을 독서로 채울 수 있었습니다. 인터넷에서 잘못된 정보를 접하기 쉬운 시대에 사회적 약자나 친구 관계, 가족 관계에 대해 올바르게 이해할 수 있도록 돕는 것도 독서라고 생각합니다.

다른 한 가지는 영어 단어를 많이 외운 일입니다. 초등 4학년 때 영어 학원에 처음 갔는데, 그 학원은 다른 학원에 비해 영어 단어 암기를 매우 강조했고 관리 역시 철저했습니다. 고등학생이 공부하는 영단어 책, 토익 영단어 책까지 공부했던 기억이 납니다. 영단어 뜻을 외우면서 몰랐던 우리말도 익힐 수 있었습니다. 결과적으로 중학교 때부터 영단어에 있어서는 주변 누구에게도 밀리지 않게 되고 남들보다 잘하게 되면서 자신감을 얻었습니다.

◎ 손준혁 의대생

A. - 여러 가지 취미 생활이 도움이 되었습니다. 취미 생활을 하면 다양한 경험을 쌓을 수 있을 뿐만 아니라 세상을 보는 눈도 넓어집니다. 내가 좋아하는 취미에 깊이 파고들어 보는 경험도 중요하다고 생각합니다. 저는 큐브를 좋아해서 3x3x3 큐브뿐만 아니라 피라밍크스, 메가밍크스 등 다양한 큐브의 해법을 연구하고 공부했습니다. 이를 통해 하고 싶은 일을 끝까지 할 수 있는 끈기와 추진력을 배우기도 했습니다.

학급 임원을 했던 경험도 기억에 남습니다. 임원 선출에 나가는 것은 그 당시 매우 긴장되고 떨리는 일이었습니다. 그러나 임원 활동을 하며 사회성을 기르고 다른 사람들 앞에서 말할 수 있는 용기가 생긴 것 같습니다.

마지막으로 교내외에서 열린 과학 대회를 준비하면서 직접 주제를 선정해 실험을 진행하고 결과를 도출해 낸 경험도 좋았습니다. 과학 지식이 늘 뿐만 아니라 자율적으로 학습하는 기회가 되었습니다.

◎ 김대순 의대생

어머님, 의대생은 초등 6년을 이렇게 보냅니다

A. — 첫 번째는 수영입니다. 꼭 수영만은 아니고, 여러 운동을 하며 다른 친구들에 비해 체력이 좋아졌습니다. 그 체력이 수험 생활이나 평소에 생활할 때도 큰 도움을 주었습니다. 특히 수영을 통해 스트레스가 많이 풀렸고, 신체적으로도 균형 잡힌 몸을 유지할 수 있어 도움이 되었습니다.

두 번째는 독서입니다. 초등학교 때부터 부모님은 제가 먼저 요청하기 전까지 학원에 다니라거나 공부하라는 말씀이 없으셨는데, 대신 책을 읽으라는 말은 자주 하셨습니다. 그래서 독서가 익숙했던 것 같습니다. 책을 읽으면 상식을 쌓을 수 있다는 것이 가장 큰 장점입니다. 공부하거나 시험을 볼 때도 책을 읽으며 기른 독서력이 도움이 되었습니다.

세 번째는 친구들과 신나게 논 것입니다. 중학교 때부터는 본격적으로 공부를 하며 스트레스를 많이 받았는데, 그때마다 친구들의 존재가 저에게 가장 큰 힘이 되었습니다. 친구들과 놀며 추억을 쌓은 일이 정말 도움이 되었습니다.

⊙ 박성태 의대생

초등학생 때 해 두지 않아 후회된 것 세 가지

Q — 초등학생 때 해 두지 않아서 후회했던 것이 있다면 무엇인가요?

A — 독서입니다. 책에 관심을 가지고 읽는 사람과 그렇지 않은 사람은 이해력과 문해력, 사고력 등 전반적으로 생각의 깊이에 차이가 있습니다. 책 읽는 방법도 중요합니다. 한 분야의 책을 정독하고 좀 더 깊이 있는 책을 이어 읽으며 그 분야의 전문성을 높이는 방법도 있고, 다양한 분야의 책을 가리지 않고 읽으며 시야를 넓히는 방법도 있습니다. 이런 방법으로 독서를 꾸준히 해 왔다면 생각도 더 깊어지고, 세상을 바라보는 시선도 넓어지며, 학습 능력 향상에도 더 도움이 되지 않았을까 생각합니다.

⊙ 송재원 의대생

A — 영어를 비교적 늦은 시기에 접한 편이어서 아쉬움이 있습니다. 외국어는 좀 더 이른 시기에 접하는 것이 좋다고 생각합니다. 물론 주입식 영어 교육을 뜻하는 건 아닙니다. 자연스럽게 영어에 대한 접근성을 높여 생활 속에서 가볍게 영어

어머님, 의대생은 초등 6년을 이렇게 보냅니다

를 받아들일 수 있다면, 선택의 폭이 훨씬 넓어질 수 있다고 생각합니다.

⊙ 민시훈 의대생

A — 모든 초등학생이 공부를 잘해야 하는 것은 아닙니다. 저마다 재능의 영역과 크기는 다르다고 생각합니다. 저는 특별히 바라는 꿈 없이 공부만 열심히 해서 의대에 왔습니다. 만약 초등학생 때 다양한 활동을 경험하고 내가 진정으로 좋아하는 일에 대해 좀 더 탐색할 기회가 많았으면 어땠을까 생각합니다.

　다양한 활동 경험을 통해 자신의 강점과 흥미를 발견하고, 자신을 더 잘 이해하며, 그에 따라 새로운 능력과 지식을 습득하고 성장할 수 있기를 바랍니다. 내가 무엇을 좋아하고, 무엇을 하고 싶은지에 대해 부모님과 많은 대화를 나누고 경험할 기회를 만드는 것이 중요하다고 생각합니다.

⊙ 김재원 의대생

A — 영어 단어를 많이 외워두지 않은 것입니다. 특히 고등학생 때는 공부 시간의 상당 부분을 수학 공부에 쓰게 되어 영어 단어를 외울 시간이 정말 부족합니다. 단어를 비롯하여 기본적인 영어 공부는 서둘러 해 두는 것이 유용한 것 같습니다.

　초등 시기에 운동과 악기를 하나씩 배우는 것도 좋습니다. 운동은 체력적인 면에서 유용합니다. 악기는 학교생활기록부에 들어갈 자진봉동(자율 활동, 진로 활동, 봉사 활동, 동아리 활동 등 창의적 체험활동을 부르는 말)을 쓸 때, '융합적'인

활동으로 반영하기 좋습니다. 최근 학생부종합전형은 이과 계열이어도 이과 항목에 치중된 활동보다 '융합 인재'에 대한 선호도가 높은 듯합니다.

⊙ 유연주 의대생

A ─ 책을 많이 읽어 두지 않은 일입니다. 초등학생 때는 그 중요성을 알지 못해 소홀했는데, 시간이 지날수록 책을 많이 읽은 친구와 독해력이나 작문 능력에서 차이가 나는 것을 느꼈습니다. 고등학교에 가면 내신을 챙기거나 수능 공부를 하는 데 있어 독해력이 매우 중요합니다. 그런데 책을 많이 읽고 싶어도 시간적인 여유도 없을뿐더러 독해력은 단기간에 끌어올릴 수 있는 능력이 아니기에 어렸을 때부터 책을 즐겨 읽는 습관이 중요합니다. 독해력과 작문 능력은 고등학교 이후 사회에 나가서도 생각보다 중요하게 영향을 미친다고 생각합니다. 어렸을 때부터 책을 많이 읽었더라면 하는 후회가 있습니다.

⊙ 이준호 의대생

A ─ 진로 탐색을 좀 더 일찍, 충분히 하지 못한 것입니다. 고등학교 생활기록부에서 학생의 진로 희망은 글의 주제와 같습니다. 입학사정관에게 짜임새 있는 생기부로 보이기 위해서는 자신의 명확한 진로를 정하고 이에 맞는 활동들을 하나씩 연관 지어 큰 스토리를 완성해야 합니다. 그러나 진로가 명확하지 않으면 생기부 활동들은 단순한 나열에 그칠 뿐 의미 있는 활동으로 보기 어렵습니다.

학년이 올라갈수록 학업의 비중이 높아지고 그만큼 내가 정말로 하고 싶은 일을 탐색할 시간이 줄어들게 됩니다. 저 역시도 고등학교 1학년 때까지 명확한 진로를 정하지 못했고, 이는 학생부종합전형 실패의 원인이 되었습니다. 시간적 여유가 많은 초등학생 때 많은 경험을 하며 진로를 탐색하고 자신이 희망 진로를 정하는 것이 가장 중요한 일이라고 생각합니다.

⊙ 박재윤 의대생

초등학생들에게 꼭 얘기해 주고 싶은 과목별 공부법

Q — 초등학생들에게 꼭 얘기해 주고 싶은 주요 과목별 공부법이 있다면 무엇인가요? 그렇게 공부해야 하는 이유는 무엇인가요?

A — 1) 국어= 책이나 신문 기사 읽기. 국어는 절대적으로 많은 텍스트를 읽으며 자기만의 읽기 노하우를 만드는 것이 필요한 과목입니다. 수험생들이 점수를 올리기 가장 힘들어하는 과목이 국어인 이유는 그동안 해 온 글 읽기 방법을 바꾸기가 어렵기 때문입니다. 따라서 어렸을 때부터 많은 글을 접하여 자신만의 읽기 규칙을 만들어야 합니다.

2) 수학= 문제만 많이 풀기보다는 개념에 치중할 것! 가끔 초등학생 중에 고등학교 과정까지 선행하는 친구들이 있습니다. 하지만 조금이라도 창의력을 요구하는 문제는 풀지 못하는 경우가 많습니다. 이는 전부 개념을 소홀히 하고 문제 풀기를 위한 공부를 해 왔기 때문입니다. 학습 목표에 맞게 천천히 개념부터 정독하길 바랍니다.

3) 영어= 영단어 많이 접하기. 영어 단어를 기계적으로 많이 외우는 것이 아

닌 다양한 영문 글을 읽으며 단어를 익히기를 추천합니다. 모르는 영단어가 나오면 영영사전으로 먼저 찾아 그 단어가 어떤 의미인지 유추해 보는 것도 영어 실력 향상에 도움이 됩니다.

4) 과학= 실험 설명 위주로 공부하기. 과학이라는 학문 자체가 자연 현상을 탐구하는 학문이니 결국 과학에서 가장 중요한 것은 현상 관찰입니다. 실험 설명을 읽고 왜 이런 현상이 일어났을지 고민해 보고 이에 대한 과학 원리를 학습하면 도움이 됩니다.

⊙ 신준서 의대생

A — 1) 국어= 책을 많이 읽는 것이 중요합니다. 입시 국어가 독서와 거리가 멀다해도 그 기본은 모두 개인의 어휘력, 문해력에서 옵니다. 기본을 기르기 가장 좋은 때가 초등 시기이고, 이때 분야에 국한되지 않고 많은 독서를 해 두면 나중에 어느 과목을 학습해도 큰 도움이 될 것입니다.

2) 수학= 연산 능력과 사고력, 즉 두뇌 회전을 빠르게 하는 것이 가장 중요합니다. 초등학생 때 연산이 안정되면 중고등학생 때 수학을 좀 더 편하게 학습할 수 있습니다. 또한 사고력 향상이 중요합니다. 초등학생 때는 수학 경시대회 등에 참가하는 것이 가장 효과적입니다. 현재 한국 입시 수학과는 거리가 멀어 보여도 국어와 마찬가지로 결국 수학 문제 해결의 기본 역시 사고력에서 옵니다.

3) 영어= 회화를 포함하여 영어 사용 환경을 최대한 많이 접하는 것이 좋습니

다. 영어도 결국 언어입니다. 언어는 당연히 많이 접할수록 늘고 자연스럽게 대할 수 있습니다. 초등학생 때 영어 사용 환경에 자주 노출된다면 결국 입시 때 한국어를 사용하는 것만큼 영어를 편하게 느낄 수 있을 것입니다.

4) 과학= 과학에 흥미를 갖는 것이 중요합니다. 과학 잡지 읽기나 과학관 활동 등 거부감 없이 즐길 수 있는 방법이 도움이 됩니다.

⊙ 신성빈 의대생

A - 1) 국어= 고등학교 때 국어를 잘했던 친구 대부분은 학원을 열심히 다닌 친구가 아니라, 어렸을 때부터 독서를 취미로 하는 친구였습니다. 특히 수능 국어를 공부하며 꾸준한 독서의 중요성을 체감했습니다.

2) 수학= 수학에 특별히 흥미나 재능을 보일 경우, 선행 학습보다는 창의 수학이나 경시 대회 수학 공부를 하는 것이 중고등학교 수학 학습에 도움이 됩니다. 하지만 저처럼 수학에 흥미가 없는 경우라면 1년 정도 선행 학습을 하는 것도 괜찮습니다. 저의 경우 학교 수업을 들을 때 도움이 되었습니다.

3) 영어= 초등학생 때에는 문법 공부나 짧은 지문을 읽는 것보다 원서를 읽는 것이 독해력 향상에 도움이 됩니다. 먼저 원서를 읽으면서 자연스럽게 어휘력과 문장 구성력을 키울 수 있습니다. 또한 한 권의 책을 읽는 것이 훨씬 흥미롭고 다 읽고 난 후 성취감을 느낄 수 있어 영어에 재미를 붙이기 좋습니다.

4) 과학= 초등학생 때 따로 과학을 공부하지 않아서 조언하기 힘들지만, 과학

에 특별히 흥미가 있는 것이 아니라면 초등학생 때는 학교에서 공부하는 것만 잘 따라가도 괜찮습니다.

⊙ 이현경 의대생

A - 1) 국어= 독서입니다. 특별한 공부보다는 다양한 제재의 책을 읽어 배경지식을 넓히고, 관심가는 분야가 생기면 책을 통해 깊이 탐구하는 것이 초등학생이 할 수 있는 최고의 국어 공부라고 생각합니다. 독서는 기본적으로 생각하는 힘을 기를 수 있는 좋은 수단입니다. 다른 어떤 공부보다 우선으로 추천합니다.

2) 수학= 수학 공식을 외우고 문제에 적용하는 연습을 반복적으로 수행하는 것이 초등학생에게 중요한 것은 아니라고 생각합니다. 오히려 수학 이론이 발생하게 된 배경의 이해, 공식 유도와 증명, 그래프 및 도형 추론 등이 수학적 사고력을 증진하고 수학에 대한 흥미를 북돋우는 데에 도움이 됩니다. 이렇게 수학의 가장 밑바탕이 되는 공부를 한 후 그 위에 개념을 쌓는다면, 이를 활용하는 문제 풀이에서도 이해력이 월등히 높아질 것입니다.

3) 영어 = 어휘 및 회화가 중요합니다. 기본적인 어휘를 알면 이후 영어 공부 과정에 도움이 됩니다. 또한 회화는 영어에 대한 막연한 두려움을 없애고, 제2의 언어를 조금은 편하게 만들어 준다는 점에서 긍정적입니다.

4) 과학 = 실험을 통한 학습이 기본입니다. 실험은 호기심을 불러일으키고 과학 이론 학습을 자연스럽게 유도하는 매개체가 되어줍니다. 그렇기에 공부의 허

들을 낮추고 과학 개념을 자연스럽게 습득할 수 있게 해줄 것입니다.

⊙ 송재원 의대생

A − 1) 국어= 따로 공부하는 것보다 책을 많이 읽는 것이 중요합니다. 소설이든 에세이든 전문적인 책이든 종류에 상관없이 책을 가까이할 것을 권합니다.

2) 수학= 선행에만 초점을 둘 것이 아니라, 각 학년에서 배우는 내용을 잘 이해하고 적용하는 능력을 기를 것을 추천합니다. 이전에 배운 내용을 제대로 이해하지 못한 채 다음 내용을 익히려 한다면 제대로 받아들이기 어려울 뿐만 아니라 이해하지 못한 부분이 계속 영향을 주게 됩니다.

3) 영어= 대한민국의 영어 교육은 독해 위주 교육이라 회화까지 잘하는 사람 이해하지 못한 많이 없습니다. 따라서 시간 여유가 있을 때 회화 공부도 같이할 것을 추천합니다. 미래에 의사가 되어서도, 의사가 아니라도, 영어로 자유자재로 대화하고 발표할 수 있는 능력은 대단한 강점으로 작용할 수 있습니다.

4) 과학= 수학과 비슷합니다. 배운 내용을 결과 위주로 암기하는 방식으로 공부하기보다는 원리를 잘 이해하여 공부할 것을 추천합니다. 특히 과학은 중학교, 고등학교, 대학교까지지도 내용 자체가 크게 달라지지 않고 조금씩 심화하는 방식이기에 암기하기보다는 원리를 이해하고 적용하는 공부법이 좋습니다.

⊙ 이준호 의대생

어머님, 의대생은 초등 6년을 이렇게 보냅니다

Q&A ④

초등학생들에게 해 주고 싶은 말

Q − **초등학생들에게 해 주고 싶은 말이 있다면 무엇인가요?**

A − 지금은 부모님이 휴대폰도 못 하게 하고 공부하라고 잔소리하는 게 원망스러울 수도 있지만 부모님의 그런 관심에 언젠가는 감사한 마음을 가지게 되는 날이 올 겁니다. 물론 그렇다고 해서 부모님이 알려 주시는 공부 방법이 모두 정답인 건 아닙니다. 항상 나만의 공부 방법을 많이 생각하고 연구해서 찾아 나가면 좋겠습니다.

☉ 김은수 의대생

A − 초등 시기는 이제 공부를 시작하는 첫 단계이자 한 명의 사회 구성원이 되기 위한 준비 과정입니다. '시작이 반이다'라는 말도 있듯이 모든 공부의 시작인 초등 시기는 중요한 의미가 있습니다. 다만 무조건 잘해야 한다는 부담감을 가질 필요는 없습니다. 누구나 처음은 서툰 법입니다. 여러분이 실패를 겪는다고 해서 그 누구도 돌을 던지지 않습니다. 용기와 자신감을 가지고 그 어떤 형태로든 도전을 아

끼지 않길 바랍니다.

◎ 박재윤 의대생

A - 후회 없이 뛰어놀며 삶을 배우길 바랍니다. 공부보다 중요한 건 앞으로 삶을 살아가는 데 필요한 긍정적인 마음가짐과 끈기와 노력을 배우는 일이라고 생각합니다. 인성이 바르고, 노력하는 사람이라면 언젠가는 목표를 이룰 수 있을 겁니다. 공부로부터의 압박 없이 이런 걸 배울 수 있는 시기는 한국에서 초등 시기가 유일할 테니 열심히 놀며 삶을 배우길 바랍니다.

◎ 김성훈 의대생

A - 주변 사람들과 친구들을 소중히 여기고 존중해 주세요. 다른 사람들과 협력하면 함께 더 큰 성과를 이룰 수 있습니다. 그러니 서로를 이해하고 도우며, 온정과 배려를 베풀어 주세요. 또 다른 한 가지는, 자신을 사랑하고 믿는 것입니다. 당신은 가장 소중하고 사랑스러운 존재입니다. 언제나 스스로를 믿고 사랑하는 마음을 가지고, 나의 존재 가치를 잊지 마세요.

◎ 이준경 의대생

A - 1. 실수를 두려워하지 말고 자신을 믿자: 어떤 일이든 자신을 믿고 도전하는 것이 좋습니다. 모든 것을 한 번에 완벽하게 해 내는 사람은 없습니다. 동시에 실

수를 통해 더 나은 방법을 배우고 어제보다 발전한 내가 될 수 있다는 것을 알면 좋겠습니다. 실패는 성장의 계단입니다.

　2. 포기하지 말자: 누구나 살면서 어려움을 겪습니다. 중요한 건 어려움이 있어도 끝까지 포기하지 않는 것입니다. 그동안 쌓아 온 다양한 성취 경험이 더 큰 일을 성취하는 데에 도움을 줄 것입니다. 그러니 작은 일이라도 끝까지 포기하지 말고 성취하는 경험을 쌓아 자존감과 도전 정신을 크게 키워 나가면 좋겠습니다.

⊙ 김재원 의대생

A – 운동, 악기, 노래, 영어 등 본인이 배우고 싶거나 하고 싶은 게 있다면 꼭 다양하게 배워 보세요. 하고 싶은 걸 다 해 볼 수 있는 시기는 다시 돌아오지 않습니다. 단, 휴대폰, 인터넷, 게임에만 빠져 지내는 건 추천하지 않습니다.

⊙ 손준혁 의대생

A – 다양한 체험을 하는 것이 중요합니다. 수능 공부나 내신 공부는 그저 지루한 것으로 생각하기 쉽지만, 생각보다 사고의 전환이나 정신력이 중요하게 작용합니다. 그리고 이는 모두 경험에서 나온다고 생각합니다. 지식은 앞으로 끝도 없이 쌓아야 하니 지혜를 쌓기 위한 발판이 될 다양한 경험을 지금 많이 해 두길 바랍니다.

⊙ 유연주 의대생

A — 노는 것만 추천하고 싶지는 않습니다. 저도 초등학교 때 놀기만 하지는 않았거든요. 적당히 놀면서 공부도 적당히 하는 것이 중요하다고 생각합니다. 그리고 부모님 말씀과 자신의 주장을 반반씩 수용할 수 있으면 좋겠습니다. 너무 줏대 없이 사는 것도, 너무 하고 싶은 것만 하면서 사는 것도, 둘 다 좋은 일은 아닌 것 같습니다. 무엇보다 학교생활을 즐겁게 하면 좋겠습니다.

ⓞ 박성태 의대생

A — 우선 공부에 큰 스트레스를 받지 않으면 좋겠습니다. 공부에 너무 몰두하기보다는 악기나 운동 등 다양한 것을 배워 보길 추천합니다. 무언가 새로운 것, 갑작스러운 돌발 상황 등을 맞닥뜨렸을 때 '굳이 이걸 해야 할까, 내가?'라는 생각이 든다면 '그냥 한번은 해 보자'라고 생각하고 시도해 보면 좋겠습니다.

예를 들면, 회장 선거에 나가는 것, 여러 대회에 참가하는 것, 새로운 소재거리가 찾아올 때 한번 들여다보는 것 등 크고 작은 기회가 있을 때마다 많은 시도를 해 봅니다. 이 작은 태도가 생각보다 많은 경험을 가져다 주고, 삶의 가치관을 만들어 가는 배경이 될 수 있습니다.

ⓞ 송재원 의대생

어머님, 의대생은 초등 6년을 이렇게 보냅니다

나만의 내신 또는 수능 공부 노하우

- -

Q – 본인만의 내신 또는 수능 공부 노하우가 있다면 소개해 주세요.

A – "어떻게 하면 실수를 줄일 수 있을까?"

이 질문은 정시를 준비하던 초중반까지 내내 제 머릿속을 떠나지 않던 질문이었습니다. 많은 고민 속에서 내린 결론은 실수를 실수로만 바라보면 안 되겠다는 것이었습니다. 저는 정시로 중앙대 의대에 합격하긴 했지만, 원래 수시로 의대를 준비하던 학생이었습니다. 3학년 1학기가 끝나고, 정시 대비를 결심한 후 시간은 부족하고 마음은 급해졌습니다. 문제 푸는 양을 늘려가면서 동시에 실수를 줄이기가 벅찼습니다.

고민하다가 제가 택한 방법은 이것이었습니다. 문제를 풀 때 틀린 문제가 나오면 그 문제 위에 파란색 펜으로 틀린 이유를 한두 줄 정도로 썼습니다. 그리고 해당 문제집을 끝내거나 모의고사가 끝난 후면 전체적으로 문제를 쭉 훑으며 파란색 펜으로 쓰인 틀린 이유를 정독했습니다. 그렇게 문제집과 모의고사 시험지가 쌓이며 내가 반복해서 틀리는 이유를 찾을 수 있었고, 그 반복되는 이유를 메모지에 써 책상 위에 붙여 놓고 계속 문제를 추가로 풀며 수정해 나갔습니다. 그 결과 실수를 유의미하게 줄일 수 있었고, 정시로도 좋은 성과를 얻게 되었습니다. 실수를 줄이는 학습 방법으로 활용해 보길 바랍니다.

⊙ 송재원 의대생

A − 가장 중요한 건 꾸준하고 일정하게 공부하는 습관을 들이는 것입니다. 수능은 준비 기간이 1년 정도로 매우 긴 시험입니다. 그렇기에 꾸준히 공부하는 습관이 더 중요합니다. 수능은 과목마다 시험 시간이 정해져 있는데, 저는 평소에도 최대한 그 시간과 비슷하게 공부를 진행했습니다. 오로지 수능이라는 목표만을 생각하며 생체 리듬까지 수능 시간표에 맞추려고 노력했고, 이것이 도움이 되었던 것 같습니다. 평소에 고요하고 담대하게 이런 습관을 들여 꾸준히 공부한다면 수능이라는 마라톤에서도 좋은 결과를 거둘 수 있을 것입니다.

⊙ 김재원 의대생

A − 열심히 공부하는 것은 기본이고, 수업 시간에 얼마나 집중하고 꼼꼼히 필기하는지, 선생님과의 교류가 얼마나 활발한지도 중요합니다. 저는 수업 시간에 선생님이 말씀하신 내용을 하나도 빼놓지 않고 빠짐없이 필기하려고 노력했습니다. 그리고 매 시험이 끝난 후 시험지를 분석하며 선생님의 특징을 찾았습니다. 그러고 나면 어떤 부분에서 문제가 출제될지, 어떤 함정 문항이 만들어질지 선생

님의 수업 말투만 들어도 알아차리는 정도가 됩니다.

　기본적인 수학 실력이나 영단어, 문법, 국어 독서, 문학 작품 해석 능력은 평소에 공부해 둡니다. 대신 내신 기간에는 암기해야 할 부분에 치중하여 공부했습니다. 그 과정에서 궁금증도 많이 생기는데 그때마다 선생님들께 질문하며 함께 공부했던 것도 즐거운 기억으로 남아있습니다.

◎ 손준혁 의대생

A - 못하면 반복하기, 이게 저의 방법이었습니다. 수학 성적이 아주 불안정하던 시절이 있었습니다. 모르는 문제가 나오면 한두 번 정도 다시 풀어보고 바로 다른 문제를 잘 풀고 싶어 넘어갔던 것 같습니다. 어느 날 새로 시작한 과외 선생님이 늘 숙제로 같은 문제를 세 번 이상 풀게 하셨는데, 처음엔 불만이 생겼지만 반복하다 보니 몰랐던 문제를 눈 감고도 풀 수 있게 되었습니다.

　뻔한 방법이지만 모르면 반복하여 공부하는 것이 답입니다. 입시 때는 생각보다 간과하기 쉬운 부분입니다. 그냥 '풀 줄 아는 문제야'라는 데서 그치면 안 됩니다. 그 문제가 지루해질 때까지 반복해야 다른 문제에 응용할 수 있을 정도로 익숙해집니다. 머리가 좋은 학생은 그럴 필요 없겠지만 자신의 실력이 중상 정도라면 시도해 볼 만합니다.

◎ 유연주 의대생

A — 저는 고등학교 내신과 수능 공부 모두 공부하기 전에 전체 계획을 세우고 공부했습니다. 중간고사가 한 달이 남았다면, 첫 주에는 교과서를 정독하고 둘째 주에는 문제 풀이에 집중하는 등 대략적인 계획을 세웠습니다. 수능 준비를 할 때도 3월에는 무엇을 할지, 6월까지는 무엇을 할지 시기별로 대략적인 계획을 세워 남은 기간들을 어떻게 활용할지 고민했습니다.

이는 실제로 시험을 준비할 때 시야를 넓게 해 주고 나만의 습관과 적절한 공부 방법을 찾는 데에 도움을 주었습니다. 너무 자세히 계획하지 않더라도 시험까지 나의 상황을 관리하고, 나의 위치와 부족한 점을 발견하는 데에도 도움이 됩니다.

⊙ 이준호 의대생

A — 주변 상황에 연연하지 않고 나의 진도에만 집중하는 자세를 유지하는 것이 저의 노하우였습니다. 중요한 건 수능 이전 모의고사 성적이 아니라 수능 당일까지의 공부량과 컨디션, 그리고 자신감입니다.

저는 선택과목으로 지구과학II를 선택했고, 방학 때 개념과 기출 1회독을 한 뒤에 모의고사를 본 적이 있습니다. 처음 본 지구과학II 모의고사 점수는 25점이었습니다. 11문제를 맞혔던 것으로 기억합니다. 인생 처음 받아 보는 점수에 큰 충격을 받았지만, 크게 걱정하지 않았습니다. 당시가 2월이었기 때문에 공부한다면 더 좋은 점수를 받을 것이라는 확신이 있었고, 차분하게 기출 분석을 했습니다. 결국 수능 당일 지구과학II에 50점 만점을 받았고, 그동안의 제 노력을 보상 받았습니다. 그만큼 자신이 잘할 것이라는 확신은 중요하게 작용합니다. 그리고 그 확신과 자신감은 지금 내가 하는 공부 상태에서 나옵니다.

주변에서 무슨 일이 일어나든 묵묵하게 자신이 할 것을 하는 것이 수능에서 승리하는 가장 빠르고 안전한 길입니다. 멘탈이 흔들리는 일이 생기더라도 다시 다 잡고 개념을 정독하거나, 기본 문제를 풀거나, 이미 푼 기출을 한 차례 더 푸는 등 공부를 멈추지 않는 것이 중요합니다.

⊙ 이준경 의대생

어떤 학생이 의대에 오면 좋을까?

Q — 어떤 학생이 의대에 진학하는 것이 좋을까요?

A — 당연히 의사가 되고자 하는 학생입니다. 단, 의학 공부 특성상 조금은 성실함을 갖춘 학생이 공부하는 과정에서 잘해 나갈 것입니다. 또한 과학기술의 발전에 따라 의사 역할에서 인성이 강조되고 있습니다. 공감 능력이 뛰어나고 인성이 바른 학생이 의대에 오는 것이 좋겠지요. 하지만 이것이 의대에 진학하고 의사로서 성공한 삶을 살 수 있는 조건의 전부는 아닙니다. 결론적으로 본인 스스로 의대에 진학하고 싶다는 생각이 확고한지가 가장 중요합니다. 본인의 가능성은 다른 누군가가 아닌 바로 자신이 판단하는 것입니다.

⊙ 송재원 의대생

A — 의사는 학생 때뿐만 아니라 전문가가 되고 나서도 계속 공부해야 하는 직업입니다. 따라서 새로운 지식을 습득하는 것을 좋아하거나 최소한 공부하는 것을 싫어하지 않는 학생이 의대를 선택하는 것이 좋습니다. 이와 함께 의사는 아픈

사람을 대하는 직업이기에, 타인에 대한 공감 능력이 있고 도움을 주고자 하는 마음을 가진 학생이 오면 좋겠습니다.

⊙ 박재윤 의대생

A – 남을 사랑할 수 있는, 이타심이 있는 학생입니다. 의술은 아픈 사람을 도와야 하는 일입니다. 개인주의가 만연한 팍팍한 사회지만 그 속에서 자그마한 사랑을 피워낼 수 있는 사람들이 의대에 진학하면 좋겠습니다.

⊙ 신준서 의대생

A – 기본적으로 사람을 좋아하는 학생이 좋습니다. 의대를 졸업한다고 해서 꼭 직접 사람을 대하고 치료하는 것은 아니지만 어떤 마음가짐으로 의대에 오는지에 따라 의대 생활의 전반이 달라집니다. 사람을 좋아한다면 그렇지 않은 사람보다 공부하는 태도, 의대 수업을 받아들이는 자세, 학교생활 등이 더 좋은 쪽으로 형성될 것입니다. 의학 공부에 흥미를 갖는 것도 중요하므로 단기간에 많은 양을 암기할 수 있는 성실한 학생이면 더 좋을 것입니다.

⊙ 손준혁 의대생

A – 의대 진학을 일찍부터 결심하고 준비하지 않아도 됩니다. 스스로 사명감을 갖고 주어진 일에 최선을 다하며 타인에게 공감할 수 있고 생명의 무게를 충분히

인지하는 학생이라면 의대에 진학해서 좋은 의사가 될 수 있다고 생각합니다.

ⓞ 신성빈 의대생

A — 인체와 의학에 관심이 많은 학생이 의대에 오면 좋을 것 같습니다. 의사가 되려면 반드시 거쳐야 하는 관문이 의대입니다. 하지만 의대에 입학한 후 보니, 의학에 관심이 있어서가 아니라 점수에 맞춰 오거나 진학 트렌드를 따라온 학생들이 많았습니다. 본인 진로에 대해 의구심을 갖고 적성과 연관 지어 깊이 생각해 보지 않은 학생들이었습니다. 진심으로 사람을 돕고 살리는 일을 하고 싶은 학생이 의대에 오는 것이 맞다고 생각합니다.

ⓞ 이준경 의대생

A — 의학과 관련하여 뚜렷한 목표가 있는 사람이 의대에 오는 것이 좋습니다. 여기에 더해 사람들과 지내는 것을 좋아하고, 공감을 잘하는 학생 중 공부하는 것을 힘들어하지 않는 학생이라면 의대에 오는 것을 추천합니다.

ⓞ 김대순 의대생

어머님, 의대생은 초등 6년을 이렇게 보냅니다

초등 부모님들께 하고 싶은 이야기

Q — 초등학생 자녀를 둔 부모님에게 해 주고 싶은 말이 있다면?

A — 가장 중요한 것은 아이를 믿어 주는 것입니다. 아이가 하는 중인 것, 해낸 것들 하나하나 소중하게, 최대한 가치 있게 받아들이고, 격려해 주세요. 스스로 무언가를 해냈다는 성취감은 다른 무언가에 도전하는 주요 원동력이 될 것입니다.

또 미리 무언가를 제공하기보다 학생의 의사를 묻고 학생이 필요할 때 조금씩 방법을 알려 주며 방향성을 제시해 주는 것이 최고의 조력자가 되는 방법이라고 생각합니다. 다른 부모의 자녀와 비교하며 이렇게 해야 하는 것이 아닌지 혼란스러울 때도 올 수 있겠지요. 하지만 그럴 때에도 아이에게 강요하는 것이 아니라 한번 시도해 보라고 권유하는 정도가 적당하다고 생각합니다.

마냥 어려 보이는 초등학생이지만 스스로 필요한지 아닌지 판단할 기회를 주는 것이 좋다고 생각합니다. 이렇게 스스로 선택해 나갈 때 아이가 앞으로도 자기 주도적으로 무언가를 해낼 수 있을 것입니다.

⊙ 송재원 의대생

A — 초등학생은 시작 단계에 있는 학생들입니다. 그만큼 서툰 부분도 많고, 시행착오도 겪을 수 있습니다. 하지만 중요한 것은 그 시행착오를 어떻게 극복하느냐입니다. 물론 부모님 입장에서는 불안하겠지만 조금 더 여유를 가지고 아이의 도전을 응원하고 실패해도 격려해 주시길 바랍니다. 그러면 아이도 초등 시기를 더 높은 곳으로 도약할 수 있는 발판으로 만들 수 있을 것입니다.

⊙ 박재윤 의대생

A — 저는 학습에 있어 크게 압박하지 않는 부모님 밑에서 자랐지만, 주변에 강압적인 부모님 때문에 망가지는 친구들을 너무나 많이 보았습니다. 부모의 강압적인 태도가 계속되고 그 강도가 심해질수록 친구들은 부모님과 대화를 시도조차 하지 않으려 했습니다. 그리고 관계는 점점 단절되었습니다. 부모라는 큰 산에 가로막혀 불행해지고 결국엔 학업도 소홀해지는 경우를 빈번히 보았습니다.

원하는 대로 자녀를 통제하기보다 자녀를 있는 그대로 바라봐 주시길 바랍니다. 만약 저의 부모님이 강압적인 분들이었다면, 저는 지금처럼 하고 싶은 공부를 하지도, 부모님과 화목하게 지내지도 못했을 것입니다. 집은 정서적으로 편안히 쉴 수 있는 공간이어야 합니다. 그리고 그걸 만드는 가장 큰 역할은 부모님이 하신다고 생각합니다.

⊙ 김재원 의대생

어머님, 의대생은 초등 6년을 이렇게 보냅니다

A - 초등학생 때 최대한 많은 경험을 하고, 다양한 것들을 배울 수 있도록 해 주세요. 다만 공부에 부담을 가지지 않도록 해 주세요. 사춘기 전까지는 부모님이 시키시는 대로 열심히 공부하는 학생이 될 수도 있습니다. 하지만 정말 본인이 원해서 공부하는 것이 아니라면 그 이후엔 완전히 엇나갈 수도 있습니다.

사춘기를 겪으며 반발심이 커지면, 결국 억지로 해 온 공부는 더 좋지 않은 결과를 불러 옵니다. 억지로 시키기보다는 스스로 공부에 대해 깨닫거나 흥미를 느낄 수 있도록 그 과정을 도와주시고 지켜봐 주세요. 선행보다 빠르고 정확한 방법이라고 생각합니다.

◎ 손준혁 의대생

A - 공부는 강요한다고 되는 것이 아니라 스스로 왜 해야 하는지 알고, 공부해야겠다는 생각이 들어야만 제대로 할 수 있는 것입니다. 강요로 인한 공부는 스스로 하는 공부를 이기기 쉽지 않습니다. 학생이 스스로 공부해야 하는 이유를 찾고 실천할 수 있도록 부모님이 도움을 주는 역할을 해 주시면 좋겠습니다. 가끔은 조급한 마음이 들 때도 있겠지만 학생을 믿어 주시길 바랍니다. 그리고 초등학생 때는 많이 놀아도 됩니다. 놀면서도 분명 경험하는 바가 있을 것이고 얻는 바가 있을 겁니다. 저도 초등학교 때는 매일 놀았고, 중학교에 가서야 공부해야겠다고 생각했던 것 같습니다. 결과적으로 열심히, 잘 해냈습니다.

마지막으로 부모의 꿈이 아이의 꿈이 되어서는 안 된다는 말씀을 드리고 싶습니다. 때로 아이가 현실성 없고 부모님 마음에 마음에 들지 않는 꿈을 꾼다고 해도 너무 뭐라 하지 않으시면 좋겠습니다. 아직 학생들은 자기 자신에 대해서도, 직업에 대해서도 잘 알지 못합니다. 그저 학생들을 응원해 주시면 좋겠습니다.

⊙ 이준호 의대생

A — 학생들에게 의대 진학을 강요하지 않으면 좋겠습니다. 초등 시기 아이들은 아직 스스로 생각하고 행동하는 능력이 부족합니다. 그만큼 주변 환경, 특히 부모님의 영향을 많이 받게 됩니다. 그런 학생들이 원하지도 않는 공부를 강요받으며 의대 진학만을 목표로 산다면, 의대를 진학하더라도 스스로 생각하는 능력이 없는 채로 자랄 수 있습니다. 주체적으로 문제 해결 능력을 기르는 것이 중요합니다. 학생들이 스스로 원하는 것을 할 수 있도록 지원해 주시는 것이 더 옳은 방향이라고 생각합니다.

이와 함께 학생들이 잘못했을 때 무작정 감싸고 보호하는 것이 아니라 때로는 단호하게 훈육하는 것이 필요합니다. 아이들의 모든 행동을 보호한다면 자란 후에도 이러한 행동이 반복되고 사회적으로도 부정적인 영향을 줄 수 있습니다. 아이가 잘못했을 때는 상대방에게 진심으로 사과하도록 하고, 다시는 같은 잘못을 하지 않도록 예방하는 교육이 필요합니다.

⊙ 이준경 의대생

어머님, 의대생은 초등 6년을 이렇게 보냅니다

A — 현재 대한민국에선 공부가 인생의 대부분을 결정하는 것처럼 보입니다. 하지만 그렇지 않습니다. 아이들이 자유롭고 스스로 주체가 되는 삶을 살아갈 수 있도록 도와주는 것이 부모님이 해 줄 수 있는 가장 중요한 역할이라고 생각합니다. 아이를 믿고 아이의 행복을 가장 우선으로 생각해 주세요.

⊙ 신성빈 의대생

이 책을 읽는
부모님들께

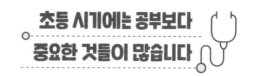
초등 시기에는 공부보다 중요한 것들이 많습니다

　이 책에서 초등 부모님들께 초등 시기에 아이들이 과목별로 해 두면 좋은 공부나 학습법을 소개해 드렸습니다. 하지만 말씀드린 내용 중 '이건 무조건 해야 한다', '이거 안 하면 큰일 난다'라고 할 만한 건 단 하나도 없습니다. 초등 시기 공부는 학교 수업 내용만 잘 듣고 잘 따라가도 충분합니다. 초등 시기는 중고등학교에 가서 좀 더 나은 조건에서 제대로 공부하기 위해 기본기를 쌓는 기간입니다. 공부보다 더 중요한 것들이 많은 시기가 바로 초등 시기입니다.

　첫 번째로, 초등 시기는 아이의 '공부 정서'가 형성되는 시기입니다. 이를 위해 아이가 공부에 흥미를 갖고 나중에 스스로 공부하는 환경을 만들어 갈 수 있도록 부모님의 노력이 필요한 때이기도 합니다. 물론 부모님 입장에서는 아이가 당장 초등 시기에 열심히 공부해서 더 많은 기초를 쌓길 바라실 수 있습니다. 하지만 자칫 관심이 욕심이 되어 초등 아이가 따라가지 못할 속도로 많은 공부를 시키면 결국 부작용이 따라옵니다. 초등학생 때는 공부를 잘하는 아이, 명석한 아이로 보일 수 있지만, 중고등학생이 되면 아이가 먼저 지쳐 나가떨어지게 됩니다. '공부 정서'를 지키기 위해서라도 아이의 초등 생활의 중심이 '공부'가 되어서는 절대 안 됩니다.

두 번째로, 초등 시기는 아이가 성적에 신경 쓰지 않고 다양한 시행착오를 겪어볼 수 있는 최적의 시기입니다. 학원에 보내 봤는데, 안 맞아도 괜찮습니다, 다른 학원에 다녀 볼 수 있고, 과외를 하거나 아니면 혼자 공부해 볼 수도 있습니다. 수학 문제를 많이 틀려도 괜찮습니다. 방법을 찾아보고, 다음에 풀 때 더 잘하면 되니까요.

다만 중고등 시기는 이와 다릅니다. 고등의 기초를 쌓는 중등 시기, 그리고 대학 입시와 직결되는 고등 시기는 시험에서 실수 하나가 성적으로 연결되고, 학원이나 과외 등 학습 방법에서 시행착오가 성적 저하로 바로 이어지기도 합니다. 그러니 초등 시기에 충분히 시행착오를 경험하시길 바랍니다.

학업뿐만 아니라 일상생활도 마찬가지입니다. 초등 시기는 시험을 보지 않는 만큼 운동이든, 여행이든, 독서든 아이가 해 볼 수 있는 것을 마음껏 해 볼 수 있는 시기입니다. 다양한 경험과 추억을 쌓으며, 많은 것을 보고 느낄 수 있게 하는 것이 정말 중요합니다.

마지막 세 번째는 '부모님과 아이의 관계'입니다. 초등 시기에 공부 좀 시키려다가 아이와 다투고 갈등하며 관계를 잘못 형성하게 되면, 아이가 중고등학생이 되어서도 부모님과 거리감을 느낍니다. 막상 공부해야 할 시기에 아이는 정서적 안정감을 가질 수 없고 든든한 버팀목이 사라진 듯한 느낌이 들게 될 수 있습니다. 그러니 초등 시기에 아이와 좋은 관계를 만들어 두는 것이 중요합니다.

좋은 관계를 쌓는 건 그리 어렵지 않습니다. 일단 아이가 아직 어리고, 미숙한 존재라는 점을 기억하는 것이 우선입니다. 그러면 아이에게 화를 내려는 상황에서도 아이 입장을 좀 더 헤아릴 수 있게 됩니다.

아이의 습관과 태도가 형성되는 시기인 만큼, 아이가 잘못한 부분이 있다면 확실히 짚고 넘어가는 역할도 해 주셔야 합니다. '내 아이'라고 해서 그냥 넘어가는 일이 반복되면, 사춘기가 되어 '공부는 잘하지만, 인성은 좋지 못한 아이'로 평가받게 될지도 모릅니다. 올바른 태도와 인성을 가질 수 있도록 이끌어 주시는 것도 중요합니다.

초등 시기는 학습의 기본기를 다지는 시기입니다. 하지만 공부보다 중요한 것들이 이렇게 많습니다. 어느 한 쪽으로 치우치지 않도록, 부모님이 균형을 잘 잡고 아이를 이끌어 주시면 좋겠습니다.

전교 1등 의대생이 알려 주는 최고의 공부법과 최상의 자기관리법

어머님, 의대생은 초등 6년을 이렇게 보냅니다

초판 1쇄 발행 2024년 1월 30일
초판 5쇄 발행 2024년 4월 22일

지은이 임민찬
펴낸이 민혜영
펴낸곳 (주)카시오페아 출판사
주소 서울시 마포구 월드컵북로 402, 906호(상암동 KGIT센터)
전화 02-303-5580 | **팩스** 02-2179-8768
홈페이지 www.cassiopeiabook.com | **전자우편** editor@cassiopeiabook.com
출판등록 2012년 12월 27일 제2014-000277호

• 잘못된 책은 구입하신 곳에서 바꿔 드립니다.
• 책값은 뒤표지에 있습니다.